La vraie Marine Le Pen

Du même auteur

Documents

Histoire secrète du Front national, Grasset, 1999.
Les Tabous de la gauche, éditions Nouvelles François Bourin, 2006.
Que restera-t-il des années Chirac ?, Milan, 2007.
Sarkozy et l'argent-roi, avec Didier Hassoux, Calmann-Lévy, 2008.
La Guerre des ex, éditions du Moment, 2008.
Besancenot, l'idiot utile du sarkozysme, éditions Nouvelles François Bourin, 2009.
Brèves de football, éditions Nouvelles François Bourin, 2010.
Tous les coups sont permis : de Mitterrand à Sarkozy, la violence en politique, avec Henri Vernet, Calmann-Lévy, 2011.
La Droite brune UMP-FN : les secrets d'une liaison fatale, Flammarion, 2012.
Les Années 30 sont de retour : petite leçon d'histoire pour comprendre les crises du présent, avec Claude Askolovitch, Pascal Blanchard et Yvan Gastaut, Flammarion, 2014.
Frères ennemis : Sarkozy, Juppé, Hollande, Le Pen... : l'hyperviolence en politique, avec Henri Vernet, Calmann-Lévy, 2015.

Roman

La Vacance du petit Nicolas, avec Pierre Cherruau, Baleine, 2011.

Bandes dessinées, avec Aurel

Sarkozy et ses femmes, Drugstore, 2010.
Sarkozy et les riches, Drugstore, 2011.
Hollande et ses deux femmes, Glénat, 2013.
Monde de merde, Glénat, 2013.
La République des couacs, Glénat, 2014.
La Droite complexée, Glénat, 2015.

Renaud Dély

La vraie Marine Le Pen

Une bobo chez les fachos

PLON
www.plon.fr

© Éditions Plon, un département d'Édi8, 2017
12, avenue d'Italie
75013 Paris
Tél. : 01 44 16 09 00
Fax : 01 44 16 09 01
www.plon.fr

ISBN : 978-2-259-22955-5

Aux miens, si patients, si présents, si précieux...

« L'héritier du léopard hérite aussi de ses taches. »

Proverbe bantou

Introduction

La fille jumelle

Elle croyait s'en être débarrassée. Il lui revient en pleine face. Dans son miroir. Elle le constate tous les matins, s'en désole, s'en agace parfois, mais la réalité est implacable. À mesure que Marine Le Pen vieillit, elle ressemble de plus en plus à son père. Voir ses traits évoluer et constater leur gémellité croissante avec ceux de ses aïeux, ce phénomène naturel est extrêmement fréquent. Il arrive à la plupart d'entre nous. Il suffit pour s'en convaincre de comparer les photos d'individus au soir de leur vie issus de deux générations différentes, un père et son fils, une mère et sa fille. Car d'ordinaire, la distinction des sexes joue jusqu'au bout de nos existences. Le fils ressemble au père, la fille à la mère. Pour les femmes, on appelle cette ressemblance qui s'accroît au fil du temps le syndrome de « matriochka », du nom donné aux traditionnelles poupées russes. Dans la famille Le Pen aussi, les poupées s'emboîtent les unes dans les autres, les filles, Marie-Caroline, Yann et Marine, se suivent, une petite-fille, Marion, est entrée dans la carrière. Mais quand on dissèque ce clan familial, quand on passe en revue cette saga secouée de querelles, divorces et trahisons, on finit par s'apercevoir que c'est bien la poupée Marine que l'on extrait de la grosse poupée originelle Jean-Marie. Elle en est le produit, le résultat, la suite, et perpétue son combat. Appelons cela le syndrome de... « patriochka ». Avec le temps, les traits de la fille Le Pen collent de plus en plus à ceux de son géniteur. Les épaules de Marine, 48 ans, se voûtent un peu, la carrure se renforce, le pas s'alourdit et la voix, si longtemps abîmée par une consommation frénétique de tabac, devient de plus en plus rauque. Un jour de colère provoquée par son divorce retentissant avec le fondateur du FN, Pierrette, la mère, balança une saillie en forme d'accusation : « Marine ? C'est le clone de son père ! » La phrase exprimait du dépit. Le père, lui, s'amuse encore de cette ressemblance qui ne cesse de s'affiner. Marine Le Pen, c'est la fille jumelle de son père !

En 2015, lorsqu'elle était en campagne pour tenter d'enlever la présidence de la région Nord-Pas-de-Calais-Picardie, rebaptisée depuis Hauts-de-France, le fondateur du FN lui trouvait même « un côté Ch'ti, un peu massif », ajoutant, rigolard : « Elle a de faux airs de Jeannette Vermeersch ! » Marine, sous les traits de l'épouse de Maurice Thorez, fille du peuple et stalinienne pur jus, le compliment se voulait vachard. C'était aussi une façon de rendre hommage au côté « grande gueule » de sa fille, à son goût pour la polémique, à sa propension à cultiver une brutalité verbale qui a tout d'un atavisme familial. « Tiens, voilà les bolchos ! » Digne des interjections paternelles, l'interpellation sort spontanément de la bouche de la présidente du FN dès qu'elle aperçoit un journaliste qui a le tort de travailler dans un média classé à gauche. Un tel propos renvoie aux innombrables saillies de son père à l'endroit de la presse lorsqu'elle ne le ménageait pas.

Longtemps, très longtemps, l'hommage fut réciproque et le lien indéfectible. Pendant plus de quarante ans, Marine Le Pen a fait le choix du père. Elle l'a soutenu, aidé, défendu envers et contre tout, envers et contre tous : contre sa mère, Pierrette, lors de l'explosion du couple, contre les médias qui, à ses yeux, le maltraitaient, contre la justice lorsqu'il était poursuivi pour antisémitisme ou incitation à la haine raciale, contre ses adversaires politiques, mais aussi contre tous ces traîtres qui, lovés dans son dos, fomentaient leurs mauvais coups pour l'évincer, surtout lors de la conspiration mégrétiste.

Lors du congrès de Tours de janvier 2011, grand-messe organisée pour mettre en scène la transmission du sceptre familial d'une génération à l'autre, Marine Le Pen, tout juste devenue présidente de la PME politico-commerciale fondée par son père trente-neuf ans plus tôt, se lança dans un hommage vibrant et sans aucune réserve ni la moindre nuance, à l'œuvre intégrale de son géniteur. Tel Clemenceau qui prenait la Révolution comme un «bloc», sans distinguer en son sein bons révolutionnaires humanistes et bienveillants et mauvais révolutionnaires excessifs et sanguinaires, Marine Le Pen appréhenda le Front national comme un bloc, uniforme, juste et parfait. Saluant «la droiture, la noblesse d'âme, la persévérance, la vision et la bravoure» de son père, elle acclama son courage d'avoir mis, toutes ces années durant, ses innombrables qualités au service du Front national. Et l'héritière conclut, émue : « Nous mesurons désormais à quel point Jean-Marie Le Pen a eu raison. » Raison sur tout, tous, et tout le temps. « Détail » compris.

Les saillies antisémites, les dérapages racistes, les incitations à la violence, la xénophobie érigée en fil rouge de ses actes et paroles, Marine Le Pen a tout accepté, tout défendu, tout soutenu des propos de son père. Jusqu'au jour où le poids lourd est devenu poids mort, où le « boulet de canon », comme il se surnomme, s'est fait boulet tout court. Le vieil homme est devenu gênant. Il a fallu l'éliminer. L'opération, chaotique, a duré plus d'un an. Elle a été émaillée de coups de théâtre familiaux, de renversements de situation, de rebondissements juridiques, mais Marine Le Pen est arrivée à ses fins. Elle a enterré vivant, enfin, moribond, son père et prédécesseur à la tête du Front national. L'exclusion du fondateur d'un parti politique influent par sa propre fille est un cas unique dans l'Histoire. Nulle part et jamais, le même type de règlement de comptes ne s'était déjà produit. Il a fallu que l'extrême droite et, mieux encore, la tribu Le Pen invente un scénario aussi improbable. Cet acte est révélateur de la vraie nature de Marine Le Pen.

Il vient couronner une douzaine d'années de purge ininterrompue. À partir de 2003, Marine Le Pen a commencé par évincer, ou plutôt par faire évincer par son père, un à un, tous les obstacles qui se dressaient sur la route de son ascension. Elle ne cessait de le mettre en garde contre les mauvais génies qui peuplaient, selon elle, son entourage, de Marie-France Stirbois à Carl Lang en passant par Jean-Claude Martinez, Jacques Bompard et beaucoup d'autres, toutes les figures historiques du parti d'extrême droite sont passées à la trappe. Et puis l'héritière a fini par exécuter son propre père. Jean-Marie Le Pen se désole de l'attitude de l'ingrate. Il pronostique qu'elle ne pourra jamais être élue présidente de la République car elle « manque d'humanité » et « n'aime pas les gens ». Venant du diable de l'extrême droite française, la leçon d'humanisme est plutôt gonflée, et même carrément cocasse. « On ne peut pas élire quelqu'un qui traite son père de la sorte », ressasse le vieil homme. Il répète qu'elle paiera sa vie durant le « prix du parricide ». Le lien pourtant n'a jamais été totalement rompu sur le plan... financier. À l'orée de la campagne présidentielle de 2017, Jean-Marie Le Pen a pris un malin plaisir à prêter six millions d'euros à sa fille par l'intermédiaire de la Cotelec, la société de financement du FN qu'il a créée il y a déjà trente ans. Il n'y a là nulle charité de sa part. En 2015, il a même chargé ses avocats de faire modifier ses dispositions testamentaires personnelle pour priver sa benjamine de tout héritage... Mais en finançant sa campagne présidentielle, Le Pen cherche à montrer à sa progéniture qu'elle ne se libérera jamais totalement de sa tutelle. Déjà, en 2015, au plus fort de l'affrontement qui aboutit à son éviction, il avait financé sa campagne des régionales dans le Nord-Pas-de-Calais-Picardie et celle de la quasi-totalité des autres chefs de file frontistes, à l'exception de l'énarque honni, Florian Philippot dans le Grand Est, et de la petite-fille chérie,

Marion Maréchal-Le Pen, en Paca, qui n'avait osé le lui demander.

Mais Marine, elle, a donc eu encore besoin de l'argent de papa, hier aux régionales, comme demain à la présidentielle. Conquérir son indépendance financière, on le sait, c'est l'acte le plus délicat pour un enfant. Surtout en période de crise. L'âge de l'émancipation et du départ du cocon familial est de plus en plus tardif. Il y a une quinzaine d'années, une comédie d'Étienne Chatiliez remporta un grand succès populaire en moquant ce phénomène à travers le cas d'un personnage, Tanguy, qui refusait obstinément de prendre son envol alors qu'il avait déjà 28 ans. Marine Le Pen, elle, a vécu chez papa jusqu'à l'âge de... 45 ans ! Elle n'a quitté le domaine de Montretout, perché au sommet de la colline de Saint-Cloud, qu'à la fin de l'été 2014...

« Jean-Marie était pupille de la nation, Marine est une fille à papa[1] », balance Carl Lang, l'ex-fils spirituel bien-aimé du patriarche, sacrifié sur l'autel des ambitions de la benjamine. « Ma fille est une bourgeoise. Marine n'a pas souffert matériellement, elle a eu une vie de confort[2] », insiste Jean-Marie Le Pen.

Judicieuse sur le plan financier, la perfidie est injuste sur le plan psychologique. La benjamine des filles du chef a souffert de la notoriété sulfureuse du nom de Le Pen. Pour couper le cordon, elle s'applique à le faire oublier et à ne plus faire campagne que sur son seul

1. Entretien avec l'auteur, 18 novembre 2016.
2. Entretien avec l'auteur, 9 novembre 2016.

prénom. Il n'est plus question que de déclencher une «vague Marine». Le nom de Le Pen, si lourd à porter au fond des urnes, est déjà effacé de la propagande, même s'il ne peut l'être des bulletins de vote. Le nom du parti, Front national, s'évanouit lui aussi au profit du «Rassemblement Bleu Marine», coquille vide qui a pour seul intérêt de cacher l'infamant FN. Quant à l'emblème historique, la flamme tricolore importée du parti néofasciste italien, le MSI, à la création du FN en 1972, voilà que Marine Le Pen a décidé de le faire disparaître de ses documents de campagne pour 2017 au profit d'une intrigante rose bleue. Le nom, le sien et celui du parti, les symboles, l'opération de grand nettoyage marketing continue. Mais cette offensive de com ne saurait masquer la gémellité, ou plutôt la filiation idéologique qui relie la fille au père.

Le profil atypique de Marine Le Pen ne saurait cacher non plus la nature antirépublicaine maintenue du parti. Car au fond, la présidente du FN est une... «bobo». Eh oui ! Le qualificatif étonnera sans doute, mais il colle bien au style et au niveau de vie de la benjamine des filles Le Pen. L'écrivain et journaliste américain du *New York Times*, David Brooks, auquel on doit l'invention du mot, contraction des termes «bourgeois» et «bohême», insistait sur le côté à la fois branché, nonchalant et méprisant d'individus à fort pouvoir d'achat convaincus de jouir d'une certaine supériorité sur les autres catégories de population. Des caractéristiques que l'on retrouve dans l'attitude et le mode de vie de Marine Le Pen.

La patronne du FN dispose d'abord d'un patrimoine immobilier conséquent composé, en particulier, d'une maison à la Celle-Saint-Cloud, dans le coquet département des Yvelines, d'une villa de 180 mètres carrés à Millas, dans les Pyrénées-Orientales, et de parts dans les SCI qui détiennent les demeures familiales de Montretout à Saint-Cloud et de La Trinité, en Bretagne, un patrimoine dont Marine Le Pen a malencontreusement sous-estimé l'évaluation auprès de la Haute autorité pour la transparence de la vie politique créée après l'affaire Cahuzac, ce qui lui vaut d'être sous le coup d'une enquête judiciaire.

La présidente du FN jouit, en outre, d'un niveau de revenus élevé et mène une vie plutôt « bohème » voire un rien « bordélique » au sein d'une famille recomposée avec son compagnon Louis Alliot, après deux divorces avec Franck Chauffroy puis Éric Iorio. Autant d'indices qui contribuent à expliquer les positions somme toute plutôt souples de la présidente du FN, au regard des canons de sa famille politique, sur plusieurs sujets sociétaux, comme le remboursement de l'IVG, l'homosexualité ou le mariage pour tous qu'elle s'est gardée d'aller combattre dans la rue.

Marine Le Pen n'a rien d'une progressiste. Mais elle aime à moquer la « ringardise » de ces « cathos tradis coincés » qu'elle n'apprécie guère. Surtout, elle s'est posée en défenseure des communautés cibles de l'islam radical à commencer par les femmes et les homosexuels. Soucieuse de défendre les droits de ces deux groupes, Marine Le Pen a ainsi tous les traits d'une... bobo chez les fachos. Ce profil, elle tente parfois d'en jouer en externe pour cultiver sa singularité dans les médias et auprès d'un électorat plus jeune et féminin, mais il lui pèse souvent en interne, au sein de l'extrême droite, où de nombreux courants et personnages lui reprochent ce positionnement.

En fait, plus que bobo chez les fachos, Marine Le Pen est une « bobo-facho », c'est-à-dire qu'elle incarne une nouvelle tendance de l'extrême droite du XXIe siècle, branchée et « moderne », presque... « cool » ! Or, ce n'est pas l'humanisme, mais le racisme antimusulman de Marine Le Pen, un racisme qui dépasse largement la seule lutte contre l'extrémisme islamiste pour viser en bloc tous les musulmans, une « mode » idéologique qui dépasse largement le cadre étroit du FN, qui l'a transformée en icône « bobo » de l'extrême droite. Et c'est sans doute parce qu'elle ne supporte pas d'être ainsi taxée que Marine Le Pen diabolise le bobo. Cette figure démoniaque est l'incarnation du Mal, le diable cosmopolite et mondialiste que les nationaux se doivent de combattre. Dans la bouche de la présidente du FN, c'est devenu l'insulte suprême. Le bobo est son ennemi imaginaire préféré, un individu hédoniste insouciant de la menace de l'islamisme radical, indifférent à l'intérêt général qu'il sacrifie au profit de son petit confort personnel.

Façon, une fois encore, de briser l'image que son miroir lui renvoie. À la fois fille et jumelle de son père, Marine Le Pen ne s'aime pas et ne se supporte guère. Moins encore depuis qu'elle a procédé à l'élimination de celui qui lui avait tout donné.

Il y a trente ans, après le départ soudain de sa mère, Pierrette, qui avait fui Montretout au bras d'un autre,

Marine, la benjamine, la préférée, la chouchoute, « Marinou » comme il la surnommait, avait clamé son admiration et son amour à son père, Jean-Marie, celui qu'elle appelait « l'homme de ma vie ».

On peut tuer l'homme de sa vie, on ne réussit jamais à s'en débarrasser totalement.

1

Comment elle a mangé son père

Marine Le Pen dort mal. La nuit, dans sa coquette maison de La Celle-Saint-Cloud (Yvelines), dans cette banlieue ouest de Paris où la quiétude résidentielle le dispute au confort bourgeois, il arrive que la présidente du Front national se réveille en sursaut. Le fantôme d'un vieillard vient troubler son sommeil. Le spectre affiche ses 88 ans et se déplace difficilement. Il cherche ses mots, ne termine plus ses phrases, ses souvenirs se mélangent. Mais lorsqu'il parvient à rassembler ses dernières forces, il réussit encore à lui susurrer du bout des lèvres, d'un ton rauque, dans un ultime effort : «Je suis ton père... Marine, c'est moi... Je suis ton père... »

Jean-Marie Le Pen, le Dark Vador du marinisme. La figure du vieux leader d'extrême droite n'en finit plus de hanter le repos de son héritière. Marine, sa benjamine, sa préférée, sa fille chérie, sa «Marinou», comme il l'a si longtemps désignée, celle à qui il avait tout passé, tout donné, tout offert, Marine, donc, a osé l'impensable : elle l'a exclu du parti qu'il avait lui-même fondé en octobre 1972, puis dirigé d'une main de fer pendant trente-neuf ans. Elle l'a renvoyé à la marginalité dans laquelle il s'était retrouvé enfermé durant trois décennies avant de ressusciter l'extrême droite française, ce vieux courant politique que l'on avait cru englouti à jamais dans les compromissions de Vichy et de la collaboration.

Jean-Marie Le Pen s'est rêvé trônant en bonne place dans les livres d'histoire, craint, redouté et finalement respecté et adoubé par cet «établissement» qu'il aura pourfendu sa vie durant. Il achève sa trajectoire en vieillard gâteux et diabolique, incarnation du mal absolu aux yeux du pays, un débris ressassant ses obsessions racistes et antisémites, abandonné de tous dans son antre décrépit de Montretout planté sur la colline de Saint-Cloud. Tout ça par la faute de sa propre fille qui s'essuie les pieds sur son cadavre politique pour se préparer un destin doré et respectable.

Au Front national, les histoires d'héritage finissent mal, en général... Elles sont en tout cas l'objet de règlements de comptes sans pitié, de trahisons soudaines et de retournements de situation stupéfiants. En 1976, l'héritage du cimentier Hubert Lambert offrit à Jean-Marie Le Pen, et à toute sa famille, un nouveau statut et les fit basculer dans un nouvel univers. Un cadeau inespéré pour entrer dans un monde luxueux de parvenus enfin débarrassés du souci du lendemain. Mais l'acquisition de cette fortune inattendue ne se fit pas sans douleur. Elle donna lieu à des années de conflits et de procédures en tout genre avec l'un des cousins du défunt. La tribu Le Pen subit une multitude d'intimidations et de menaces, sans compter d'innombrables enquêtes journalistiques sur les conditions contestées de ce don du ciel. Quarante ans plus tard, la transmission de l'héritage politique de Jean-Marie Le Pen donna lieu à une bataille tout aussi féroce.

Un huis clos familial fascinant et sordide à la fois, fascinant parce que sordide, un grand déballage qui ne révéla au fond pas grand-chose de la personnalité du vieux chef du Front national, dont la brutalité était déjà connue de tous, mais qui dévoila des pans entiers de la vraie nature de sa fille Marine.

Quand Marine Le Pen a le «papy blues»

Colérique, acharnée, impitoyable. Pour l'inciter à «rompre définitivement» avec Jean-Marie Le Pen, Florian Philippot l'a convaincue de l'avantage politique considérable qu'elle pouvait en tirer pour asseoir son statut de candidate à l'Élysée. Évacuer tout sentimentalisme au profit d'une froide rationalité, sacrifier le lien paternel sans laisser poindre la moindre forme d'indulgence, c'était démontrer qu'elle était désormais mûre et prête à exercer les plus hautes responsabilités.

Ainsi, à peine l'exclusion de Jean-Marie Le Pen prononcée, les plus proches soutiens de sa fille, Florian Philippot, évidemment, le sénateur-maire de Fréjus (Var) David Rachline, ou encore le délégué général du FN Nicolas Bay, se sont relayés dans les médias pour chanter les louanges d'une «femme d'État» dont «la main n'a pas tremblé». Faire passer l'intérêt du parti, et donc demain celui du pays, avant ceux de la famille, quelle plus belle preuve de patriotisme, et donc de courage, pour qui prétend conduire un jour les destinées de la France ? Vraiment ? Ce tableau vendu à l'opinion par les huiles frontistes n'a pourtant pas grand-chose à voir avec la réalité. Car ce n'est pas ainsi que Marine Le Pen a vécu en son for intérieur cette interminable guerre familiale qui a duré plus de six mois. Ses plus proches le savent, la présidente du Front national est psychologiquement friable. Elle est sujette à de fréquentes sautes d'humeur. Lorsqu'elle se sait en tort, prise en défaut de cohérence, surprise en plein acte de déloyauté, Marine Le Pen s'énerve facilement. Et subitement. Ce genre de réactions est extrêmement fréquent chez les personnalités orgueilleuses, un trait de caractère dominant chez elle qui ne supporte guère la contradiction. Au fil des épisodes du conflit avec son père, la patronne du FN est apparue plus irritable que jamais. «Il me fait chier, il me fait chier, il me fait chier!!!» Les murs ont plus d'une fois tremblé au «Carré», le surnom du siège du parti à Nanterre (Hauts-de-Seine), lorsque Marine Le Pen s'emportait contre celui qu'elle moquait alors en... «papy Danielle».

Signe de son trouble profond, l'héritière, qui s'applique depuis des années à n'appeler publiquement son géniteur que «Jean-Marie Le Pen», et même «Le Pen» tout court, a souvent lâché l'expression «mon père» pour le qualifier au plus fort de la tempête. Comme si Freud s'invitait à la table familiale au moment de trancher ce nœud gordien. Avant de confesser sa souffrance devant quelques journalistes sur un mode plus intime encore : «J'aurais préféré accoucher une deuxième fois de mes jumeaux plutôt que de vivre ça[1] ! »

Quelques mois plus tard, éreintée, à bout de nerfs, Marine Le Pen a fini par sombrer dans une vraie dépression. Ce n'était pas la première fois. Là, nous étions à la toute fin de l'année 2015, dans la foulée de sa défaite aux élections régionales dans le Nord-Pas-de-Calais-Picardie.

Forte d'une quinzaine de points d'avance sur Xavier Bertrand au premier tour, et surtout soulagée d'avoir franchi la barre des 40 % des suffrages, Marine Le Pen était convaincue de l'emporter au second tour. Patatras... Une incroyable mobilisation de toute la gauche en faveur de cet ancien ministre de Nicolas Sarkozy lui infligeait une cruelle défaite une semaine plus tard. Comme si, décidément, même grimée en «fille du peuple» candidate des «petits» et des «sans-grade», psalmodiant des slogans sociaux pour panser les plaies de cette terre de souffrance, elle ne parviendrait jamais à remporter en duel une élection au scrutin uninominal majoritaire à deux tours. Comme si, même après avoir sacrifié son père sur l'autel d'une respectabilité inatteignable, elle était toujours rattrapée par l'odeur de soufre d'un nom maudit qui la condamnerait à la défaite éternelle. À quoi bon tant de déchirements intimes et de violences

1. Voir Laurent Bazin et Alba Ventura, *Le Bal des dézingueurs*, Flammarion, 2016.

impudiques si l'échec est au bout du chemin de croix? À quoi bon poignarder son père si cela ne lui rapporte rien?

Alors, rattrapée par la culpabilité et plombée par la honte, Marine Le Pen disparut bel et bien quelques jours comme cela lui arrive, parfois, quand elle veut cacher son «papy blues». Car, lorsqu'elle sombre, ça se voit aussitôt. La fatigue se lit sur son visage, la colère se perçoit au fond de ses yeux, son menton se raidit, sa mâchoire se crispe, elle prend du poids, bref, elle marque. Comme son père.

«Le parricide, ça la suivra jusqu'à sa mort!»

Ce jour d'automne froid et pluvieux, Jean-Marie Le Pen, justement, ne peut même plus se lever de son siège. Il doit se faire opérer d'une hanche douloureuse quelques jours plus tard et peine à esquisser le moindre geste. Tassé dans son fauteuil au premier étage de Montretout, dans son bureau encombré des souvenirs poussiéreux de toute une vie, il ressasse l'exécution dont il a été l'objet : «Ce que Marine m'a fait, le parricide, ça la suivra jusqu'à sa mort[1] !» Le vieil homme soupire, et reprend : «Il y a deux milieux religieux où le parricide ne passe pas, ce sont les musulmans et les juifs. Pour ces deux civilisations, c'est inacceptable[2] !» Les musulmans

1. Entretien avec l'auteur, 9 novembre 2016.
2. *Idem.*

et les juifs, comme par hasard, les deux communautés qui ont alimenté les haines du fondateur du Front national. Toute une vie qui se résume en une phrase. On connaît l'adage populaire selon lequel, au moment de s'éteindre, on verrait défiler toute son existence devant ses yeux. Au soir de sa vie militante, c'est le même vieux film qui repasse devant l'œil de Le Pen.

D'ailleurs, inutile de pousser le vieil homme pour qu'il remonte les fils du complot dont il se prétend la victime. Et pour qu'il tombe, encore et toujours, sur les mêmes et éternels coupables.

La démonstration commence. « De nos jours, l'accusation d'antisémitisme est l'accusation mortelle, or le monde des médias est dominé par les juifs, on le sait bien... », explique doctement Le Pen. On laisse dire, tellement on s'est habitués à l'entendre seriner ces vieilles phobies propres à l'extrême droite. « Or, Le Pen, reprend-il en parlant de lui à la troisième personne, eh bien, *volens nolens*, il a la réputation d'être antisémite. » Et voilà donc pourquoi, incitée par son mauvais génie, ce freluquet Philippot, Marine Le Pen aurait donc cédé à la tentation d'éliminer son père. Pour plaire aux juifs... Tout est dit.

La vie est une boucle, et celle de Jean-Marie Le Pen tourne en rond.

Quand le fondateur du FN se repasse les séquences de ce film qui a fini par le mettre hors de chez lui, de sa maison, de son Front national, il retombe donc toujours sur les mêmes coupables. Mais, à l'en croire, le complot était ourdi de longue date.

«Je pense qu'après la campagne de 2012, et dans la perspective de 2017, ils m'ont analysé comme un handicap. Je n'étais plus que le représentant du "old party", et ils ont décidé de se débarrasser de moi[1]...» «Ils», comprendre Marine, bien sûr, mais surtout ce satané Florian Philippot, «un chevènementiste de gauche qui se flatte de ne jamais avoir voté pour moi!», s'indigne Le Pen. Car, même fâché, même remonté, même aigri, le vieil homme n'en finit pas de trouver des circonstances atténuantes à sa progéniture. Non, il en est convaincu, Marine, sa Marine, n'a pas pu se fourvoyer seule. Elle n'a pu renier avec tant de violence et d'ingratitude ce géniteur qui la chérissait tant. Non, si sa fille l'a ainsi mis au rancart, c'est parce qu'elle a été manipulée, ou au moins parce que son bras a été guidé par Florian Philippot. «Je pense que c'est Philippot qui l'a mise en garde contre le monde médiatique, reprend Le Pen. Il lui a dit : "Fais attention à Jean-Marie Le Pen, il va te nuire dans ce milieu[2]...".» Dans ce milieu... de juifs, on a compris.

Les turpitudes de «papy Danielle»

Difficile pour autant de faire passer Jean-Marie Le Pen pour une simple victime, pour un martyr de la duplicité et de la cruauté de sa fille. Car, pour se faire virer comme un malpropre, le vieillard y a mis du sien. Mesquin, aigri et provocateur, Jean-Marie Le Pen,

1. Entretien avec l'auteur, 9 novembre 2016.
2. *Idem.*

sur ses vieux jours, s'est fait... «papy Danielle». C'est le surnom dont l'affuble désormais sa fille quand il lui tape trop sur les nerfs.

C'est que, après l'avoir soutenue, encouragée, favorisée, bref, après avoir fait tout ce qui était en son pouvoir, voire un peu plus, pour lui céder le sceptre frontiste lors du congrès de Tours de janvier 2011, Jean-Marie Le Pen a rapidement changé d'attitude à son endroit. À peine était-elle entrée en campagne présidentielle qu'il lui a reproché de prendre des locaux distincts du siège du parti, à Nanterre. Oubliant qu'il avait fait la même chose lorsqu'il portait les couleurs du FN dans sa course à l'Élysée... Puis, il s'est plaint de n'être jamais écouté ni même consulté. De reproche en reproche, de crise en crise, il n'a cessé de faire peser une pression croissante sur les larges épaules de sa fille, distillant aux journalistes confidences moqueuses et railleries en tout genre sur des meetings qu'il jugeait toujours trop fades et une campagne trop décalée. Devant la caméra de Serge Moati, le vieil homme est allé jusqu'à lui conseiller de prendre des cours de diction alors qu'elle descendait tout juste d'une tribune où elle venait de prononcer un discours-fleuve, un fleuve bien trop tranquille à ses yeux.

Il faut comprendre que Jean-Marie Le Pen avait fait sur son nom cinq des six précédentes éditions présidentielles, séchant seulement celle de 1981, faute de disposer des 500 parrainages d'élus nécessaires. L'inaction lui pesait, les estrades lui manquaient, la chaleur des projecteurs et celle des meetings tout autant. Et, plutôt que de le pressentir et d'apaiser les états d'âme du préretraité, plutôt que de le solliciter et de faire semblant de l'écouter, pour la forme, Marine Le Pen n'a pas masqué son agacement. En public, elle soupirait, se pinçait les lèvres, haussait les épaules, toujours aussi larges. Croyant affirmer ainsi son autorité, elle a ostensiblement ignoré ses conseils. Sa présence. Et même son existence. Plus grave, elle s'est jetée dans les bras d'un autre, un plus jeune, un plus avenant, plus diplômé, et surtout plus présentable que lui. Jean-Marie Le Pen a eu tôt fait de s'exaspérer et de pester, en silence d'abord, puis de plus en plus bruyamment, contre l'omniprésence de ce Philippot tombé de nulle part. Ou plutôt, pire encore, venu d'ailleurs.

Alors, pour exister, Jean-Marie Le Pen est devenu assidu aux réunions de bureau politique. Pendant près de deux ans, de septembre 2012 au printemps 2014, il n'a quasiment pas séché une seule séance. Avec ses deux derniers fidèles, Bruno Gollnisch et Marie-Christine Arnautu, il s'est plu à marquer sa différence, à faire entendre ses désaccords avec sa fille, à l'inciter à respecter l'orthodoxie de l'héritage.

« Je n'allais quand même pas commencer en disant : "Ma chère Marine, ton projet est admirable, et nous sommes d'accord sur tout...", sinon, ces réunions n'auraient plus de sens », s'amuse Jean-Marie Le Pen[1]. Alors voilà, semaine après semaine, mois après mois, le père oublié s'applique à se rappeler au bon souvenir de sa progéniture. Il le fait pour son bien à elle, évidemment,

1. Entretien avec l'auteur, 16 juin 2015.

sans aucune intention de lui nuire... Il n'empêche que Le Pen se met à multiplier les remontrances, les petites remarques perfides en public, devant les hiérarques du parti. Le numéro relève du supplice chinois. Goutte à goutte, Jean-Marie Le Pen ronge l'autorité, et même la crédibilité de sa fille. C'est en tout cas ainsi que le vit cette femme aussi orgueilleuse qu'autoritaire. Marine Le Pen ne tolère pas la contradiction, on l'a dit. Elle considère chacune des interruptions qu'elle subit lors des conclaves du bureau politique comme d'insupportables provocations. Sur le fond, pourtant, c'est une vraie différence qui se creuse peu à peu entre Jean-Marie Le Pen et son héritière. «Un Front gentil, ça n'intéresse personne...», soupirait-il déjà, quelques années plus tôt. Beaucoup y voyaient alors une critique de la fameuse stratégie de «dédiabolisation», mise en œuvre par la fille et supposée servir de marchepied vers le pouvoir. C'était une erreur. Certes, le fondateur du FN ne cachait pas l'humiliation d'être ainsi renvoyé à son statut de «diable» par une fille aspirant à cette «normalité» dont on fait, parfois, les présidents. Mais, au fond, la «dédiabolisation» fut aussi la quête impossible de Jean-Marie Le Pen sa vie durant. C'est même parce qu'il était jugé par eux plus «présentable», que le déjà vieux (44 ans à l'époque) baroudeur et ex-député poujadiste fut appelé par les jeunes nervis d'Ordre nouveau à prendre en main le Front national lors de sa création en 1972[1]. C'est parce qu'il affichait

1. Voir Grégoire Kauffmann, *Le Nouveau FN, les vieux habits du populisme*, Le Seuil, coll. «La République des idées», 2016.

un profil, relatif, de notable que cet ancien parlementaire fut adoubé pour redonner une vie électorale à l'extrême droite française naufragée dans la honte de la collaboration. Puis, pendant des décennies, Le Pen aspira à la reconnaissance publique de ses pairs et s'indigna d'être traité en « paria » par les politiques et les médias. Ce n'est donc pas la démarche de la « dédiabolisation » qu'il s'est mis à reprocher à sa fille, ce sont ses génuflexions devant le « système », ses abandons, ses reculs, ses « reniements » supposés complaire aux élites, au risque de dénaturer le message politique du FN, et donc d'annihiler sa mission historique. « Marine a tort de penser que c'est en rentrant dans le rang qu'on avance, explique-t-il. Il ne faut pas avoir peur de la polémique. Au contraire, le FN progresse en polémiquant[1] ! » Et le vieux chef de prendre l'exemple de l'élection de Donald Trump aux États-Unis en novembre 2016 pour montrer que c'est précisément la transgression et l'altérité qui permettent le succès d'un seul contre tous, d'un seul contre le « système ».

« Au fond, Jean-Marie Le Pen voulait préserver sa liberté de parole, analyse en écho l'ancien secrétaire général du FN, Carl Lang[2]. En fait, il a peu à peu compris, au fil de la campagne de la présidentielle de 2012, que sa fille n'était plus sur sa ligne. Elle tenait un discours de plus en plus à gauche, et c'est pour cette raison qu'il a incité sa petite-fille Marion à être candidate aux législatives puis qu'il l'a soutenue de façon appuyée. »

1. Entretien avec l'auteur, 16 juin 2015.
2. Entretien avec l'auteur, 18 novembre 2016.

Un piège blond nommé Marion...

Ah ! Marion... Cette superbe enfant blonde, âgée d'à peine 2 ans, posait déjà dans les bras de papy sur ses affiches de campagne pour les régionales en Paca en 1992... Si Marine est tombée dans la politique quand elle était toute petite, Marion, elle, en tétait déjà lorsqu'elle était encore au biberon... Ah ! Marion, quelle formidable trouvaille pour faire subir tout à coup à Marine le terrible sort qu'elle lui avait infligé... celui de la ringardisation !

Ah ! Marion, l'insolente, rebelle comme son grand-père, qui osa défier l'autorité de la présidente du FN, en allant défiler au premier rang de la « Manif pour tous » en 2013, quand sa tante, inspirée une fois encore par Son Éminence Philippot, avait édicté la consigne de s'en tenir soigneusement à l'écart. « Son refus de combattre le Mariage pour tous a été la plus grave erreur de Marine, Marion a su la saisir... », se réjouit un soutien de la députée du Vaucluse. Elle hésite encore moins à souligner l'influence, à ses yeux néfaste, de Florian Philippot, coupable de donner la priorité aux sujets économiques et sociaux plutôt qu'à l'immigration et aux mœurs, de « faire du sous-Chevènement ou du sous-Mélenchon », lança-t-elle, un jour de colère, dans le huis clos du bureau politique du FN, suscitant la stupéfaction de l'assistance. Sous le regard bienveillant de son grand-père, la jeune fille se plaît à revendiquer haut et fort son ancrage à droite.

L'arrogance de la blondinette exaspère ledit Florian Philippot. En privé, le numéro deux du FN enrage contre «les conneries de Barbie». En public, il s'applique à mettre en scène sa fidélité envers la présidente du FN pour mieux faire comprendre que, oser le contester lui, c'est contester Marine Le Pen en personne. «Dès que Marion dit un truc différent de la ligne officielle, Florian se rue dans le bureau de Marine pour lui dire : "Tu dois réagir, c'est toi qu'elle vise, c'est insupportable!", confie un habitué du "Carré".»

Longtemps, la présidente du FN a relativisé ces différends. «Il peut y avoir des divergences entre nous, mais ça ne peut pas mal tourner. Marion, c'est comme ma fille, c'est ma fille!», confiait-elle ainsi en 2014. Le problème, c'est que, depuis trois ans, la fille a bien grandi. Comme beaucoup de jeunes femmes, elle n'a eu de cesse de s'émanciper de cette tutelle qui lui faisait trop d'ombre. C'est humain. C'est naturel. «Un parti politique n'est pas une Église», a coutume de répéter Marion Maréchal-Le Pen. La distinction prend tout son sens quand on mesure l'attachement au catholicisme qu'affiche la députée du Vaucluse, cosignataire d'une proposition de loi de reconnaissance du «génocide vendéen» déposée sur le bureau de l'Assemblée nationale, qui est allée jusqu'à fustiger publiquement non seulement les musulmans, ce qui est banal au FN, et bien au-delà, mais aussi les protestants, coupables de ne pas être vraiment des Français comme les autres. «La Provence est une terre d'identité et de résistance, lança-t-elle un jour de juillet 2015 durant sa campagne régionale en Paca. Résistance des princes provençaux face à l'invasion sarrasine, résistance à la Terreur révolutionnaire, face à la Réforme protestante, face à l'occupant allemand, face au funeste projet de l'Union européenne en 2005. »

Ranger les protestants du côté de « l'anti-France », c'était renouer avec cette vieille antienne maurrassienne qui voyait le fondateur de l'Action française faire des quatre « États confédérés » (« juifs, protestants, francs-maçons et métèques ») les principaux périls pesant sur la préservation de l'identité française.

Bon sang ne saurait mentir, comme on dit chez les Le Pen, où l'on croit à la génétique, en politique aussi, et papy Jean-Marie ne tarit pas d'éloges pour la petite. D'autant qu'elle pousse encore la délicatesse jusqu'à passer le voir de temps à autre dans sa retraite de Montretout pour lui faire une bise et lui amener son arrière-petite-fille, Olympe, quand Marine, elle, ne lui a plus donné signe de vie depuis le printemps 2015. Alors, comme dans nombre de familles, le grand-père ne cache plus avoir un faible pour sa petite-fille plutôt que pour sa fille...

Il ne lui en veut même pas de lui avoir chipé la tête de liste aux régionales en Paca en décembre 2015, une campagne que le patriarche n'avait, au fond, pas envie de conduire. Quatre ans après, le vieil homme sourit encore de son bon coup, cette idée de génie qu'il a eue de lancer la petite Marion dans l'arène électorale. Et pas n'importe où : à Carpentras, là où Le Pen jugeait que « l'honneur familial avait été sali » après la profanation du cimetière juif par des skins, un acte qui avait suscité un gigantesque défilé contre le FN. C'était en mai 1990, Marion avait six mois. Vingt ans plus tard, le président d'honneur du FN fit geler la circonscription du Vaucluse, bien en amont de la présidentielle, et finit par convaincre sa petite-fille de s'y présenter. Il dut s'y reprendre à deux fois. Marion refusa d'abord par lettre la faveur qui lui était faite. « Grand-père, je t'écris parce que je n'oserai pas te le dire face à face : ma décision est irrévocable. »

Papy Jean-Marie la convoque à Montretout : « Comment veux-tu que nous demandions aux jeunes de s'engager si nous ne montrons pas l'exemple ? » Sa petite-fille accepte alors de se présenter aux législatives. Marine Le Pen est mise devant le fait accompli. Elle flaire le mauvais coup paternel, mais elle encaisse en silence. À l'époque, la patronne du FN n'a pas le choix. Sa nièce jouit d'un atout qui n'a pas de prix : l'adoubement d'un grand-père alors en cours à la base du parti et qui se dit bluffé par le « naturel », la « grâce » et la « facilité » de la jeune fille. Plutôt avare de compliments sur Marine, il ne tarit pas d'éloges à l'égard de Marion : « Je crois à la génétique, les chats ne font pas des chiens... et, chez les Le Pen, les cuvées s'améliorent de génération en génération ! » Boum !

Mis sur la touche depuis l'ascension de sa fille, Jean-Marie s'est servi de sa petite-fille pour tenter de rester dans le jeu un peu plus longtemps... La blondeur juvénile et le sourire innocent de sa petite-fille incarnent le stade ultime de la « dédiabolisation », séduisent des franges entières de la droite, sans que la députée ne mollisse en quoi que ce soit sur l'immigration, la sécurité et les sujets sociétaux. Voilà Marine piégée, et cernée.

«À l'origine, l'opération Marion, c'est une victoire posthume de Le Pen, décrypte un vieux frontiste. Elle incarne à la fois la modernité et le respect de nos valeurs. Le Pen est diabolique, il joue les papys gâteau, mais c'est tatie Danielle.» Et même «papy Danielle», comme le dit Marine...

Le grand-père répète qu'il est épaté par la «fermeté d'âme» de sa petite-fille, et par sa précocité : «À l'Assemblée, de mon temps, on se taisait la première année. Marion a tout de suite pris la parole, et elle a fait un sans-faute.» Le grand-père prend soin de démentir avoir jamais envisagé de la garder sous influence : «C'est l'une de nos deux seuls députés. C'est donc quelqu'un d'important qui n'a besoin de personne.» La petite-fille a réussi à prendre son envol, et à se détacher de son emprise. En douceur. Sans jamais rompre totalement avec lui. Un sacré tour de force que Marine, elle, n'a pas su mener à bien. Résultat, quand il semble aujourd'hui toujours impossible d'inciter le fondateur du FN à critiquer sa petite-fille, il n'est pas bien compliqué, en revanche, de le pousser à déverser son fiel sur sa fille. Le ressentiment naquit, donc, au lendemain de la transmission, et ne cessa de croître, jusqu'à exploser une première fois, de façon spectaculaire, au printemps 2014, avec l'épisode de la fameuse «fournée». Encore une page peu glorieuse de la logorrhée lepéniste...

L'alerte de la «fournée»

Ce 6 juin 2014, Marine Le Pen et son compagnon Louis Aliot se prélassent à Millas (Pyrénées-Orientales), à deux pas de Perpignan, dans la superbe villa avec piscine qu'ils ont acquise en 2008. Le téléphone sonne. Un journaliste les saisit au saut du lit : «Madame Le Pen, que pensez-vous du nouveau dérapage antisémite de votre père ?» La présidente du Front national est interdite. Elle ne connaît pas les propos en question. Sur son «Journal de bord» vidéo, hébergé par le site officiel du Front national, Jean-Marie Le Pen se laisse aller à prononcer une blague aussi grasse que détestable. Dans cette rubrique intitulée «Le blog vidéo de Jean-Marie Le Pen», il est interrogé par une copine de Marine, Marie d'Herbais de Thun, ex-épouse de Frédéric Chatillon, le «gudard» fidèle ami de Marine Le Pen et fille de Katherine d'Herbais, ancienne élue picarde du FN.

Rigolant lourdement, Jean-Marie Le Pen promet une «fournée» au chanteur de confession juive Patrick Bruel et à tous les artistes qui se mobilisent contre le FN. «On fera une fournée la prochaine fois !» Le vieux chef et sa blonde intervieweuse s'esclaffent. Devant le tollé provoqué par ces propos, Marine Le Pen publie donc un texte étrange dans lequel elle se désolidarise de l'émission de ses propos, mais pas du contenu lui-même : «Avec la très longue expérience qui est celle de Jean-Marie Le Pen, écrit la présidente du Front national, ne pas avoir anticipé l'interprétation qui serait faite de cette formulation est une faute politique dont le Front national subit les conséquences.» Mais Marine Le Pen d'ajouter : «Je suis convaincue que le sens donné à ses propos relève d'une interprétation malveillante.» Bref, en juin 2014, cinquante-huit ans après la première élection de Jean-Marie Le Pen comme député poujadiste à l'Assemblée, quarante-deux ans après la création du Front national, vingt-sept ans après sa première sortie sur «les chambres à gaz, détail de l'Histoire», et trois ans après qu'elle eut elle-même pris les rênes du Front national, Marine Le Pen n'en démord pas : non, son père, comme elle l'a si souvent répété, n'est pas antisémite. Il n'a rien contre les juifs. Tout juste se montre-t-il parfois trop bavard, disons un tantinet imprudent... Péché bénin qui ne mérite qu'une sanction pas moins légère, en l'occurrence la suspension du blog vidéo de Jean-Marie Le Pen qui disparaît du site officiel du parti...

Ce communiqué officiel est stupéfiant, tant il illustre la schizophrénie de Marine Le Pen à l'endroit de son père. Elle ne le supporte plus, elle s'exaspère de son incontinence verbale, elle s'inquiète de son pouvoir de nuisance, «il va me faire chier jusqu'au bout, jusqu'à son dernier souffle...», soupire-t-elle en privé les soirs de déprime, mais, pour autant, elle se refuse à couper le cordon, ou même à condamner le fond de ses propos. Marine Le Pen n'est plus une enfant, c'est une femme ambitieuse, une dirigeante politique nationale aspirant à la fonction suprême pour laquelle elle a déjà concouru une fois, et elle continue, pourtant, de se comporter comme une adolescente capricieuse...

Ainsi la présidente du FN ne condamne-t-elle pas les propos de son père sur la «fournée». Elle certifie même qu'il n'a pas mauvais fonds, elle lui reproche simplement de parler, presque d'exister, en tout cas de déranger son plan de carrière. «Elle voulait que je m'autocensure, j'ai trouvé ça étrange», commente Le Pen. En fait, il trouve ça insupportable et se fend, en retour, d'une lettre ouverte au vitriol adressée à «Madame la présidente du Front national» pour dénoncer une «sanction injuste» : «Vous estimez-vous donc fondée à sanctionner le fondateur et président d'honneur du Front national, en outre, député européen depuis trente ans et brillamment réélu avec quatre colistiers?» Jean-Marie Le Pen retrouve ses accents de jeunesse pour s'indigner d'une «campagne médiatique diffamatoire déclenchée par les sycophantes, chiens de chasse de l'antisémitisme, pour l'emploi du mot "fournée"». Dans la foulée, il s'en prend pêle-mêle au compagnon de sa fille, Louis Aliot, et au député du Gard Gilbert Collard, coupables d'avoir dénoncé ses propos. Plus pervers encore, le président d'honneur du FN s'applique dans sa missive à renvoyer sa fille aux polémiques que certains de ses actes ou propos ont eux aussi suscitées quelque temps plus tôt : «[Vous]-même, n'avez-vous pas été mise en cause par votre déclaration sur "l'occupation" de rues par des fidèles musulmans ou encore par votre présence à Vienne, à un bal, réputé "nazi" par nos ennemis?», écrit-il. Le procédé est particulièrement retors : «Ah! tu te prétends normale, présentable, fréquentable, et moi je serais le diable, mais non, ma chérie, tu es ma fille, tu es comme moi, nous sommes pareils, nous sommes jumeaux», lui fait comprendre Le Pen. Pour Marine, la menace est terrible. Elle comprend qu'une épée de Damoclès ne va cesser de planer sur ses laborieux efforts pour ravaler la façade frontiste. «La fille du diable» adoubée par le «diable» lui-même, c'est le baiser qui tue. Voilà qui annihilerait sa longue, lente, pénible et incertaine œuvre de «dédiabolisation»... La présidente du Front national se convainc qu'il est temps d'en finir, de se débarrasser de cet aïeul si pesant, de le rayer de la carte et, surtout, de l'histoire du Front national. «Il va me faire un détail par jour!», hurla-t-elle un jour de colère, ne supportant plus un de ces énièmes dérapages qu'elle avait soutenus, approuvés, applaudis des années durant mais qui menaçaient désormais de tacher son beau costume de présidentiable.

Mais parce que, dans la tribu Le Pen, rien ne se passe jamais tout à fait comme ailleurs, un nouvel imprévu va venir perturber le plan concocté par Marine pour éliminer son père.

Quand la maison Le Pen brûle...

Le 26 janvier 2015, Jean-Marie Le Pen est dans sa salle de bains, au premier étage de la demeure de Rueil-Malmaison, qui appartient à son épouse Jany et où il vit depuis le début des années 1990. Il est en train de se couper les ongles en écoutant la radio lorsqu'un court-circuit déclenche un incendie dans le salon. Intrigué par la fumée, il ouvre la porte, s'affole et se réfugie sur la terrasse. Il appelle les secours, les pompiers arrivent, mais la villa brûle en quelques minutes. Jean-Marie Le Pen, seul dans la maison au moment du sinistre, s'en sort avec une grande frousse et une épaule meurtrie à cause d'une chute. Et voilà que Marine, fille modèle, n'a d'autre choix que d'héberger son père et sa belle-mère.

Durant six semaines, du 26 janvier au 8 mars, Jean-Marie et Jany Le Pen s'installent donc à La Celle-Saint-Cloud, dans la maison que Marine vient d'acheter. Le souvenir n'a pas fini de faire sourire le vieil homme : «J'habitais chez ma femme depuis plus de vingt ans, et là, je me retrouvais à squatter chez ma fille... C'était un peu gênant, non[1] ? »

L'épisode est d'autant plus cocasse que cela faisait cinq mois à peine que Marine Le Pen s'était enfin résolue à prendre son indépendance et à quitter le nid douillet du parc de Montretout. À 46 ans, il était temps...

La faute à Sergent et Major, les deux chiens noirs du fondateur du FN. Un soir de fin d'été, ces deux gros patauds, pas vraiment méchants mais plutôt maladroits, avaient été surpris au fond du jardin de Montretout en train de se renvoyer une petite boule de poil du bout de la papatte. En fait de baballe, c'était Artemis, une chatte bengale que Marine Le Pen avait recueillie un an plus tôt et dont elle était raide dingue. Le petit chat est mort, et la fille est donc partie. Fâchée. Les larmes aux yeux et la rage au cœur. Le père en pouffe encore : « C'est la goutte

1. *L'Obs*, 12 février 2015.

d'eau qui a fait déborder le vase. Marine aime tellement ses chats. Un peu trop peut-être... »

« C'était un logement un peu trop estudiantin. Il lui fallait une villa plus conforme à son standing de candidate à l'Élysée », persifle Jean-Marie Le Pen.

Une fille exemplaire, charitable, généreuse, hébergeant son vieux papa à la rue, quelle meilleure image Marine Le Pen pouvait-elle espérer donner aux troupes frontistes inquiètes des déchirements familiaux ? Elle fait des efforts, conduit son père, lui fait ses courses, le réconforte. Mais l'amour n'est pas la seule raison de l'hospitalité que la présidente du FN décide d'accorder à son géniteur. En l'accueillant, elle l'a sous la main. Jean-Marie Le Pen est en quelque sorte assigné à résidence, confiné au silence. « Elle a été bien gentille, mais elle n'était jamais là, raconte-t-il. On ne pouvait jamais parler politique. » Louis Aliot, lui, fuit carrément son beau-père. Il ne met quasiment jamais les pieds à La Celle-Saint-Cloud. « Marine était toujours en déplacement, un jour à Bruxelles, un autre à Oxford, on ne se voyait jamais... », reprend Le Pen. Sans compter ces fichus médias qui se l'arrachent. Un beau jour, au beau milieu d'une déclamation de son père aussi creuse que péremptoire, la fille, insolente, a regardé sa montre et lui a balancé : « Il faut que j'y aille, je suis attendue à la télé... » Le vieil homme ne s'en est jamais remis. Lui qui s'est si longtemps plaint d'être boycotté par les médias, il ne peut plus allumer la télé sans tomber sur sa fille ou sur son mauvais génie, « l'énarque » Philippot.

L'ultime provocation

Cette trêve fragile ne pouvait donc pas durer longtemps. À peine «libéré», et réfugié dans une autre confortable maison à quelques centaines de mètres de là, toujours à La Celle-Saint-Cloud, en attendant la remise en état de la villa de Rueil-Malmaison, Jean-Marie Le Pen a vite refait des siennes.

Le 2 avril 2015, une semaine après avoir quitté le domicile de sa fille, Jean-Marie Le Pen se trouve face au micro de Jean-Jacques Bourdin, sur RMC. Et, une fois encore, il juge opportun de dire que «les chambres à gaz sont un point de détail de l'histoire de la Seconde Guerre mondiale», éternelle saillie antisémite qui fait sa marque de fabrique et lui a déjà valu nombre de condamnations. Une semaine plus tard, rebelote, c'est l'hebdomadaire d'extrême droite *Rivarol* qui publie une longue interview du fondateur du FN.

Celui-ci n'a pas choisi au hasard cet hebdomadaire extrémiste, en guerre de longue date avec Marine Le Pen, «une gourgandine sans foi ni loi, sans doctrine, sans idéal, [...] dont l'entourage n'est composé que d'arrivistes sans scrupule, de juifs patentés et d'invertis notoires», selon son directeur Jérôme Bourbon. «C'est vrai que Bourbon trique ma fille à chaque occasion», ricane Jean-Marie Le Pen. Mais le fondateur du FN ose prétendre qu'il a pris cette initiative pour... «rendre service à Marine». «Je lui ai dit : " Au second tour de la présidentielle, tu auras besoin de toutes les voix. Je te propose de m'occuper de l'extrême droite et de transformer les neutres en bienveillants et les adversaires en neutres..." », prétend Le Pen. Nul n'est obligé de croire ces élucubrations. En fait de service, son interview va faire sortir de ses gonds la présidente du FN.

Cet entretien est un pot-pourri, le best of des cinquante ans de carrière de son père. Le vieillard réhabilite l'œuvre du maréchal Pétain qu'il n'a « jamais considéré comme un traître » et se lance dans de longs développements xénophobes pour appeler à « sauver l'Europe boréale et le monde blanc ». Au passage, il s'attaque même aux origines de Manuel Valls, alors Premier ministre : « Il est français depuis trente ans, moi je suis français depuis mille ans. Quel est l'attachement réel de Valls à la France ? Cet immigré a-t-il changé du tout au tout ? Qu'a-t-il apporté à notre pays ? »

À écouter Le Pen, il n'y avait pas là de quoi s'indigner. N'avait-il pas déjà tenu des propos similaires des dizaines de fois, et le plus souvent sans que sa fille s'en émeuve ?

« Oui, le maréchal Pétain n'est pas un traître. D'ailleurs, François Mitterrand faisait déposer une gerbe sur sa tombe à L'île-d'Yeu. Quant aux chambres à gaz, elles sont un détail de l'histoire de la Seconde Guerre mondiale, ressasse le vieil homme, comme le débarquement, Hiroshima, ou Pearl Harbor... » On n'en sortira donc jamais. Il n'empêche que, pour Le Pen, sa fille, poussée par Florian Philippot, s'est « saisie d'un prétexte futile pour modifier l'axe politique du FN et se débarrasser de la statue du Commandeur garant de la ligne du mouvement. En un coup de fil, Florian Philippot convainc la présidente du FN qu'il suffit de sauter sur l'occasion pour couper le cordon. Il balance aussitôt un tweet sans appel : « La rupture politique avec JMLP est désormais totale et définitive. »

« Philippot a parlé en patron, je me suis dit : "Ça y est, le coup est monté, et c'est lui qui a pris les commandes" », commente Jean-Marie Le Pen.

Quelques jours plus tard, à l'occasion du défilé du 1er mai 2015 en l'honneur de Jeanne d'Arc, Jean-Marie Le Pen, président d'honneur du FN, dépose la gerbe des élus frontistes au pied de la statue de la pucelle d'Orléans. Didier, « mon premier gendre », comme dit Le Pen, l'ancien époux de sa fille Yann, se trouve à ses côtés. Il reçoit un SMS furibard de Marine Le Pen qui lui ordonne de s'éloigner de son père. Face aux caméras, Le Pen lance un cri d'alarme : « Jeanne, au secours ! », avant d'ajouter perfidement à l'adresse de quelques journalistes : « Au Front national, la présidence est à la présidente, et l'honneur est au président d'honneur... »

Une poignée de minutes plus tard, alors que Marine Le Pen s'apprête à entamer son discours sur l'estrade installée comme chaque année place de l'Opéra, Jean-Marie Le Pen jaillit sur scène. Il a enfilé une parka rouge étincelante et vient saluer la foule qui l'acclame longuement. Pour Marine Le Pen, l'humiliation est insoutenable. Le soir même, la larme à l'œil, la voix tremblante, elle vient s'épancher sur le plateau du journal de 20 heures de Gilles Bouleau sur TF1 pour implorer son père de se retirer sans faire davantage de dégâts. Devant son refus, la présidente du FN a convoqué pour quelques jours plus tard un peloton d'exécution afin qu'il se charge de la besogne.

L'exécution

Historique, la séance qui va tourner la page fondatrice du Front national – et en même temps quarante ans d'histoire de l'extrême droite française – s'ouvre le lundi 4 mai 2015, vers 10 heures du matin[1]. Jean-Marie Le Pen est traduit devant le bureau politique du Front national. De la quarantaine de visages qui lui font face, il n'en connaît plus beaucoup à force d'épurer ou d'enterrer ses fidèles. L'octogénaire est quasiment en terre inconnue. Le vieil homme se remet difficilement d'un accès de pneumonie, pénible et lancinant, qui lui a pourri le début du printemps.

Pour tenter de badigeonner d'un vernis ordinaire cette séance qui ne l'est en rien, le bureau politique commence par énumérer une liste de nouveaux secrétaires départementaux, puis le choix des futures têtes de liste pour les régionales dans le Centre et en Rhône-Alpes. Mais tous attendent le seul ordre du jour qui compte : le procès de Jean-Marie Le Pen par ses pairs, et sa fille.

La veille, le vieil homme s'est enfermé dans son bureau de Montretout pour rédiger un mémoire de

1. Voir Renaud Dély et Henri Vernet, *Frères ennemis, l'hyperviolence en politique*, Calmann-Lévy, 2015.

défense. Le Pen ne se rendra pas sans se battre jusqu'au bout dans le huis clos de cette réunion solennelle. La meilleure défense étant l'attaque, le président d'honneur lit une longue lettre qui est en fait une attaque en règle de sa fille et de la présidente du Front national : «Je dois vous avouer que bien qu'ayant affronté toutes sortes de difficultés dans ma vie politique d'opposant patriote, je n'avais jamais imaginé qu'un jour, président fondateur du FN, l'ayant dirigé pendant près de quarante ans, président d'honneur depuis 2011, je serais un jour traduit devant une juridiction disciplinaire dont, ironie du sort, le secrétaire était Saint-Just.» Le «Menhir» vise là l'une de ses têtes de Turc favorites, l'avocat Wallerand de Saint-Just, conseiller régional d'Île-de-France. Jean-Marie Le Pen cible ensuite directement celui qu'il pense être le fomenteur du complot : Florian Philippot et sa clique : «Il est clair qu'il a été procédé à des recrutements massifs de collaborateurs dont l'une des caractéristiques communes, c'est de vouloir faire table rase du passé. Remplacer les vieux cons par les jeunes trous du cul.»

La grasse allusion homophobe glace un peu plus l'ambiance dans la salle. Florian Philippot, comme toujours, ne souffle pas un mot.

L'homme du «détail» assure ensuite que ses déclarations n'ont jamais nui à la progression du FN. Au contraire. D'ailleurs, si sa fille a fait mieux que lui en pourcentage à la présidentielle de 2012, il souligne qu'elle n'a pas progressé en voix. Le Pen doute de sa capacité à l'emporter en 2017. Et il explique enfin qu'il n'a pas l'intention de renoncer à sa liberté de parole. Et qu'il ne se rendra pas devant le bureau exécutif qui, dans la foulée de la réunion du bureau politique, doit se réunir pour décider de la sanction à lui appliquer. Le Pen juge qu'il a passé l'âge de subir une telle humiliation.

Puis le Breton change de stratégie. Il s'essaye, un temps, à la compassion. Même s'il a peu de chances d'aboutir, l'exercice cherche à réveiller la flamme de la fidélité chez ses vieux compagnons qui ont partagé des décennies de combat à ses côtés. Le fondateur du FN récite donc une litanie « d'ennuis graves » auxquels il a dû « faire face » depuis quatre mois : « Incendie total de notre maison de Rueil ; blessure sérieuse à l'épaule lors de mon "évasion" du bâtiment en feu ; opération cardiologique, bénigne selon le professeur Philippot ; complications hospitalières ; relogement dans une autre maison avec ma fidèle Jany, mes chiens et mon chat ; annonce, via le follicule média policier de monsieur Plenel, de la découverte d'un compte en Suisse, au milieu de 30 000 prétendument livrés par HSBC... » Le Pen se complaît dans le rôle de la victime et ressasse qu'il n'a « commis aucune faute ». Il joue au militant discipliné en assurant qu'il ne s'est « jamais exprimé au nom du Front national, laissant ce soin aux collaborateurs socialo-gaullistes de la présidente ». Enfin, se posant en gardien du dogme et des tables de la loi frontiste, le fondateur du mouvement rappelle « quelques données fondamentales ». « On m'a reproché de ne pas avoir respecté la "ligne du FN". Mais laquelle ? Celle de la présidente ? Celle de tous ceux qui pondent dix à quinze communiqués par semaine ? »

Et le vieux chef d'accuser ses adversaires de remettre en cause la pureté doctrinale du parti d'extrême droite : « [C'est] l'âme du FN qui a été blessée. La solidarité s'est affaiblie. On craint d'avoir mauvaise réputation républicaine. Sommes-nous devenus le premier parti antifasciste et antiraciste de France ? Laissons ces tristes hochets à nos ennemis et soyons fiers d'être le parti des patriotes français et des parias du drapeau tricolore. » Bref, le message est clair, le traître, ce n'est pas lui, c'est elle, sa fille, celle à laquelle il a transmis en toute innocence le flambeau quatre ans plus tôt et qui s'applique à dilapider l'héritage. L'ancien avocat Jacques Vergès appelait cette méthode une « défense de rupture ». Elle n'aura pas plus de succès avec Le Pen et ne fera qu'entériner une rupture, entre le Front national et lui, et entre sa fille et lui.

La plaidoirie terminée, c'est justement Marine Le Pen en personne qui organise la réplique et sonne la charge. Sans pitié ! Devant tous les dirigeants du FN, elle accuse carrément son père de se préparer à saboter la campagne présidentielle de 2017 par pure jalousie : « Tu ne supportes pas que je fasse plus de voix que toi ! La répétition de tes provocations est insupportable. » Son conseiller Bruno Bilde rappelle que *Rivarol* traite Marine Le Pen de « serpent qu'il faut éliminer politiquement ». « C'est une publication confidentielle tirée à 2 000 exemplaires », euphémise le patriarche qui joue l'innocent. Entre le père et la fille, le « détail » qui n'en est pas un s'invite dans l'explication de gravure. Les chambres à gaz, « détail » de l'histoire de la Seconde Guerre mondiale ? Marine Le Pen assure avoir porté cette croix toute sa vie. « J'en ai beaucoup souffert. J'ai porté ça au lycée, à la fac, au barreau, en politique, je t'ai toujours défendu... » C'est fini. « J'ai connu cette période », se défend Le Pen. « Ah ! parce qu'il y avait des chambres à gaz à La Trinité ? ironise Marine Le Pen. Est-ce que tu crois que les gens qui sont dans la difficulté aujourd'hui sont intéressés par ce débat ? » « On en est là à cause de ton ego surdimensionné ! », accuse Marine Le Pen devant l'assistance médusée. « Non, à cause de ta paranoïa ! », réplique son géniteur. Les membres du bureau politique assistent en silence à ce règlement de comptes familial. La petite-fille, Marion Maréchal-Le Pen, ne dit pas un mot. Coincé entre le père et la fille, séparés d'un seul siège, le secrétaire général, Nicolas Bay, est livide.

Avant de passer au vote, Marine Le Pen tente de ramener son père à la raison une dernière fois : « Est-ce que tu as une solution de toi-même ? » Son compagnon et vice-président du parti, Louis Aliot, suggère du bout des lèvres : « Vous pourriez renoncer de vous-même à être président d'honneur... » La réponse de Le Pen fuse : « *Never !* »

À 39 voix, sur 44 présents, une motion condamnant « les propos tenus et réitérés par Jean-Marie Le Pen » est adoptée.

Trois dirigeants ont voté contre : Le Pen lui-même, Bruno Gollnisch et Alain Jamet. Une proche de

Gollnisch s'abstient, un autre n'a pas pris part au vote. Marion Maréchal-Le Pen a voté pour, comme sa tante bien sûr. Le Pen, lui, reste impassible. À la sortie du bureau politique, Marion Maréchal explique qu'il faut songer à remettre en cause la désignation de son grand-père comme tête de liste pour les régionales en Paca. Louis Aliot susurre un message de réconfort à l'oreille de sa compagne. Marine Le Pen soupire : « C'est terrible de vivre ça. » Quelques heures plus tard, la Commission exécutive décide de suspendre Jean-Marie Le Pen de son statut d'adhérent et de convoquer une assemblée générale pour lui retirer sa présidence d'honneur. Dans la foulée, Marine Le Pen lui confisque la carte de crédit que lui avait attribuée le parti et lui interdit de remettre les pieds dans son bureau du « Carré ».

Pour la présidente du FN, cette séance demeure un traumatisme insurmontable. Une douleur telle que, à la fin du mois d'août 2015, Marine Le Pen a préféré sécher l'ultime séance du bureau exécutif chargée d'entériner l'exclusion de son père. De même, jamais l'héritière n'osera se présenter à l'une ou l'autre des nombreuses audiences convoquées par la justice au fil des recours déposés par Jean-Marie Le Pen. Celui-ci a eu beau jeu de moquer la lâcheté de sa fille, incapable, selon lui, d'assumer une décision qu'elle préfère faire porter à ses subalternes.

« Dans ma vie, j'ai été beaucoup trahi, mais disons que cette séance a complété mon expérience des hommes », souffle Le Pen en se remémorant cette pénible et interminable épreuve à rebondissements. Est-ce douloureux de se faire virer du parti que l'on a créé par sa propre fille ? « Oui, quand même, je suis un vieux briscard, un vieux crocodile, mais ça me paraît aberrant, soupire Le Pen. C'est une mauvaise action et une mauvaise affaire... »

Marine Le Pen, elle, s'est plusieurs fois prétendue soulagée. À l'en croire, entre son père et elle, le conflit était devenu tel que c'était presque une question de vie ou de mort. « À ce stade, c'était lui ou moi », a-t-elle confessé. Des regrets ? Des remords ? Un sentiment de culpabilité ? Pas le moins du monde. Officiellement, l'implacable femme d'État ne regrette rien, rien de rien. « Pourquoi devrais-je me comporter en fille, quand il ne se comporte plus en père[1] ? » Elle n'assume son statut d'héritière que sur un point au moins, celui de l'absence de pitié qu'elle aurait justement apprise de son géniteur : « La violence, les coups durs et l'exposition, j'y étais préparée. Tout simplement parce que j'ai eu une formation continue à ses côtés pendant des années... » En observant son père rassembler ses derniers soutiens au sein d'une « Association des amis de Jean-Marie Le Pen » et de « Comités Jeanne d'Arc » susceptibles d'investir des candidats aux législatives, Marine Le Pen hausse les épaules. Et déverse son mépris sur ce « fan-club regroupant tous les ramassis, les parias et les infréquentables qui ont été exclus du Front ». Elle affecte ostensiblement la sérénité. Qu'on se le dise, qu'on se le répète, qu'on

1. *Le Parisien*, 15 mai 2015.

colporte la bonne nouvelle dans les contrées de la France frontiste, Marine Le Pen n'a plus cette « boule au ventre » qui la tenaillait lorsque son géniteur s'apprêtait à prendre la parole, au risque d'ébranler le fragile édifice « dédiabolisé » qu'elle s'escrimait à échafauder. Elle est libérée, allégée d'un poids devenu insupportable, « apaisée » comme le clament ses affiches de campagne pour la présidentielle de 2017. Mais au fond, il n'en est rien... C'est même tout le contraire.

Le fantôme de son père ne cesse de la hanter.

Depuis deux ans, Jean-Marie Le Pen et sa fille ne se sont jamais reparlé. Leur seul contact se résume à une bise dans un aéroport au hasard d'une salle d'embarquement où ils se sont croisés. « Je crois que j'ai fini par l'insupporter, elle ne supportait plus de m'entendre ni même de me voir. En définitive, elle ne supportait plus que j'existe. »

Un soir de l'hiver 2016, l'ancien secrétaire général Carl Lang, viré au gré d'une énième purge pour combler les caprices de la fille, est retourné voir Jean-Marie Le Pen. Il s'est garé devant la grille du 8, parc de Montretout. Il a sonné. Il a grimpé les trois marches du perron puis remonté l'escalier qui mène au bureau du fondateur du FN au premier étage, sur la gauche. Et là, une heure durant, assis sur une bergère élimée, l'ancien fidèle a essayé de comprendre ce chef pour lequel il s'était dévoué corps et âme pendant trente ans : « Je lui ai dit "Jean-Marie, on t'a prévenu, on t'a mis en garde, on te l'a dit et répété pendant dix ans, que Marine allait te trahir et qu'elle trahirait le Front. Et pourtant, tu nous l'as imposée à tous et tu as viré tout le monde pour lui faire de la place...". »

Dans un soupir, le vieux Le Pen a fini par lâcher : «Je ne l'ai pas vue venir, je n'ai pas voulu le voir... »

2

L'avènement d'une pistonnée

C'est l'histoire d'une « fifille à papa ». Gâtée, choyée, vénérée. Une fille si proche, si admirative et si semblable à son géniteur que sa mère, Pierrette, par jalousie, bien sûr, la qualifia donc un jour de « clone de Le Pen ». « Marine est le clone absolu de son père. C'est Jean-Marie Le Pen, physiquement, moralement, les cheveux en plus », commenta l'ex-épouse et mère des trois filles un jour de 1998. Derrière le dépit, l'analyse sonne juste tant la gémellité est frappante. Pendant quarante-cinq ans, rien n'aurait pu séparer Marine Le Pen de son père. Ni ses excès de langage, ni ses saillies xénophobes, ni ses dérapages antisémites. Non, rien, rien de rien, Marine ne voulait rien cacher de cet aïeul. Elle en aimait tout. Jean-Marie Le Pen, c'était sa fierté, son Superman, son héros au sourire si doux, ou presque. Dans la cour de l'école comme dans les pièces du manoir de Montretout, quiconque évoquait la figure paternelle, quiconque osait l'ébrécher se heurtait au même mur. Marine, toujours, prenait le parti de Jean-Marie. Le père et la fille ne faisaient qu'un : Jean-Marine... Sait-on d'ailleurs que tous deux partagent le même secret de fabrication ? Chez les Le Pen, où l'on se veut pourtant si attaché aux origines, on triche, un peu, sur son état civil. La tentation du sans-papiers ? Pas tout à fait, certes. Il n'empêche que l'un comme l'autre, le père comme la fille, portaient à la naissance un prénom différent de celui que connaissent aujourd'hui 65 millions de Français. Jean-Marie, cet énorme bébé blond né le 20 juin 1928 sur le sol en terre battue de la rustique maison familiale de La Trinité-sur-Mer, s'appelait... Jean. Tout court. Comme son père, patron pêcheur. Pour l'en distinguer, il aura tôt fait de se faire appeler toute son enfance du diminutif « Jean-Jean ». Quant à Marine, née le 5 août 1968 dans le cadre plus cossu de la maternité de Neuilly-sur-Seine (Hauts-de-Seine), elle se prénomme en fait... Marion. Comme sa nièce devenue rebelle. Le monde est petit, et la tragédie familiale des Le Pen un huis clos aussi inquiétant que fascinant. Marion est devenue Marine, donc, par amour du père, justement, et de sa Bretagne d'origine. Pour lui plaire, pour lui ressembler toujours un peu plus. Stupéfiante gémellité.

« Marinou », la chouchoute

Pendant quarante-cinq ans, l'héritière, toujours, a pris le parti du patriarche. Rien n'aurait pu altérer à ses yeux sa munificence. Il était le père idéal, l'homme parfait, le chef indépassable. Il avait toujours raison, ses avis ne souffraient aucune hésitation, ses décisions aucune contestation. L'admiration que la benjamine de la famille portait à son géniteur avait même le don d'exaspérer ses deux grandes sœurs.

Marine, c'était la «chouchoute», la «préférée», c'était «Marinou», celle à laquelle Jean-Marie passait tout. Bébé, alors qu'elle était âgée d'un mois et demi environ, sa mère, Pierrette, avait dû s'absenter quelques semaines, et c'était son père qui s'en était occupé avec l'aide de la bonne, la précieuse «Nana». Enfant, la petite Marine se lovait contre le flanc de Jean-Marie pour quémander des câlins. Et les deux, le père et la fille, se gavaient de chocolat en cachette de la mère qui s'escrimait à planquer, en vain, les tablettes. Plus tard, lorsque les trois gamines couraient dans les couloirs de l'hôtel particulier de Montretout, chahutaient, dévalaient les escaliers et envoyaient valdinguer une lampe ou un bibelot, Marine s'en sortait toujours sans une réprimande. Ses deux aînées, Marie-Caroline et Yann, elles, trinquaient et essuyaient tour à tour les colères du chef de famille. Pas Marine, toujours protégée, toujours épargnée.

À 6 ou 7 ans à peine, il embarque la petite fille blonde à ses côtés en tête des cortèges des défilés frontistes. Nous sommes au mitan des années 1970. Un jeune président déjà déplumé, Valéry Giscard d'Estaing, s'installe tout juste à l'Élysée, et voilà que dans les rues de Paris désertées, devant un maigre public indifférent, d'étranges cérémonials célèbrent les exploits de la Pucelle d'Orléans ou du guerrier de Poitiers, de Jeanne d'Arc ou de Charles Martel. Une poignée d'anciens combattants désœuvrés défilent au pas de l'oie derrière celui qui n'est encore que le chef méconnu du groupusculaire Front national. On distingue des drapeaux bleu-blanc-rouge brandis bien haut dans le ciel plombé et quelques dizaines de jeunes hommes, la mine patibulaire et le cheveu court, très court, qui bombent le torse et dressent le menton, croyant mimer le défilé des squadristes de Mussolini. Ce fascisme n'est que d'opérette, ce danger de carton-pâte. Et le spectacle d'autant plus inoffensif que, au tout premier rang sur les clichés, on distingue un petit bout de chou blondinet qui semble sur le point de trébucher à force de fixer d'un regard plein d'amour ce grand gaillard de père qui avance d'un pas martial sans faire attention à l'enfant qui s'accroche à lui. La politique ? Une affaire de famille chez les Le Pen, presque une question de droit du sang... « Marine est comme Obélix, elle est tombée dedans toute petite », soupire Jean-Marie Le Pen en feuilletant l'album de famille qui mêle si étroitement vie politique et intimité familiale[1]. Ce soir d'automne pluvieux, dans son bureau encombré de bibelots poussiéreux et de vieux souvenirs, au premier étage de l'hôtel particulier décrépit de Montretout, l'heure est à la nostalgie. Et le vieil homme a la larme à l'œil lorsqu'il évoque cette époque bénie où la petite Marine s'accrochait à ses basques dans les manifestations frontistes. Mais attention, c'était de son plein gré, jure-t-il. Marine l'aimait. Elle ne pouvait se passer de lui, voilà tout. En 1979, elle n'a pas douze ans qu'elle défile, avec ses deux sœurs aînées, en tête d'un cortège

1. Entretien avec l'auteur, 9 novembre 2016.

frontiste, derrière leur paternel, contre la loi Veil autorisant l'IVG. À 13 ans, elle se retrouve au premier rang du rassemblement de mai en l'honneur de Jeanne d'Arc, à 14 ans, elle devient assidue à la fête annuelle des Bleu-blanc-rouge (BBR)... Elle n'a pas 15 ans qu'elle sèche le lycée pendant une semaine pour accompagner son père, alors en campagne dans le XXe arrondissement de Paris en mars 1983 pour les municipales. Six mois plus tard, elle va faire sa campagne à La Trinité-sur-Mer pour une élection législative partielle. Quand on l'interroge sur cette fichue manie qu'il avait de traîner sa benjamine, si jeune, si frêle, si innocente, avec lui lors des manifestations publiques du FN, Jean-Marie Le Pen dégaine une réplique badigeonnée d'une hypocrisie olympique : « Si elle m'avait dit : "Je ne veux pas venir", je ne l'aurais pas emmenée de force... », certifie-t-il. Comme si la question avait pu sérieusement se poser... À la maison, c'est la mère, Pierrette, qui s'occupe des tâches ménagères, avec l'aide d'une employée de maison bretonne venue de La Trinité, la fidèle « Nana », déjà évoquée, qui deviendra la marraine d'un des enfants de Marine. « Sa fidélité montre bien que les liens familiaux sont indestructibles », veut croire le vieil homme quarante ans plus tard. À l'époque, pourtant, le patron du tout neuf Front national n'a guère le sens de la famille. Dans l'appartement parisien de la villa Poirier puis dans l'hôtel particulier de Saint-Cloud, Jean-Marie ne fait que passer en coup de vent, avec en permanence dans son sillage une cohorte d'affidés et de courtisans qui se plaisent à lui donner du « Président » long comme un bras tendu.

L'intéressé en rosit de plaisir. Pour la petite Marine, apercevoir son père est toujours une fête. Elle l'imagine surhomme, elle le devine craint, elle le croit admiré de tous. Jusqu'à une funeste nuit de Toussaint. À l'aube du 2 novembre 1976, villa Poirier, dans le XVe arrondissement de Paris, trois sœurs terrifiées se serrent l'une contre l'autre. L'appartement familial a été soufflé par 20 kilos de dynamite. Marie-Caroline a 16 ans, Yann 12 et Marine 8 ans à peine. Jean-Marie et Pierrette dînaient chez leurs amis les Le Chevallier, futurs maîtres de Toulon. Ils sont rentrés tard, très tard. Deux heures plus tard, à 4 h 45 du matin, la bombe explose.

Affolée, la petite Marine se dresse dans son lit avant de rejoindre sa sœur aînée Yann dans le sien. Les trois filles pensent pendant quelques minutes que leurs parents sont morts. Elles s'imaginent orphelines. Marine pleure à chaudes larmes lorsque, tout à coup, une voix venue de l'étage en dessous surgit des décombres : « Les filles, est-ce que tout va bien ? » C'est le timbre de son père. Il est ressuscité. Peut-on imaginer l'intensité du bonheur qui illumine soudain le visage d'une petite fille de 8 ans ? Son père est immortel, indestructible. Et le sort de Marine est désormais indissolublement lié à celui de Jean-Marie. Dans le cœur de l'enfant, ils ne font plus qu'un.

Pourtant, comme si les futurs déchirements familiaux étaient déjà en germe, le couple Le Pen vit seul, au quatrième étage côté gauche, tandis que leurs trois filles habitent à l'étage au-dessus, avec la bonne, sur l'autre palier, au cinquième droite. Le couple Jean-Marie-Pierrette est tellement fusionnel, la dépendance de l'un à l'autre tellement forte que les filles sont souvent tenues un peu à l'écart. Et c'est donc l'explosion de la bombe qui va rapprocher, et finalement ressouder définitivement le lien qui unit la benjamine à son père.

« Ce que j'ai sans doute sous-estimé, avoue Le Pen, c'est le traumatisme créé par la bombe de la villa Poirier. Cela a pu les épouvanter. Marine a dit : "Je me suis rendu compte à ce moment-là que mon père était quelqu'un que des gens voulaient tuer et que je pouvais donc me retrouver orpheline...". »

En 2005, quand elle publie *À contre flots* (Grancher éditions), son livre de (jeunes) souvenirs et son premier manifeste politique, Marine Le Pen situe villa Poirier la source de sa fidélité. Ce père différent des autres, menacé et réprouvé, elle lui rendrait justice. « Je suppose que je n'arriverai jamais à me libérer de cette peur pour lui », écrivait-elle alors. L'attentat de 1976 reste le premier souvenir de la petite Marine. Il explique l'amour indéfectible qu'elle porte à celui qui était visé. Et attise un peu plus ce remords qui ne cesse de la tarauder depuis qu'elle l'a répudié.

Quarante ans plus tard, alors que l'attentat n'a jamais été élucidé, Jean-Marie Le Pen aurait bien aimé rassembler ses trois filles à ses côtés pour commémorer ce triste anniversaire. Mais Marine l'a quitté, Marie-Caroline aussi, et le vieil homme n'a pu convier sa progéniture. Des absences symbolisant un peu plus encore l'échec d'une vie, celui d'une famille qu'il a fait exploser. Jean-Marie s'en désole, comme il se lamente de n'avoir jamais vraiment compris au fond cette Marine qu'il chérissait tant. « Lorsqu'elle était enfant, je n'ai pas non plus pris conscience à sa vraie dimension de la difficulté, à l'école, d'être une fille de Le Pen, confesse le fondateur du FN. Elle était parfois la cible, moins de ses condisciples que de certains professeurs qui ont été odieux. Pas tous, mais certains ont été malveillants et, quand on est une enfant, on y est plus sensible[1]... »

Si jeune, et déjà grande gueule... comme papa !

Abondamment racontées par la pauvre victime[2], les brimades subies par l'élève Marine Le Pen de la part de « professeurs marxistes » du lycée Florent-Schmitt de Saint-Cloud demeurent fort heureusement modérées. Un jour, l'un d'entre eux lui demande d'ôter sa médaille de baptême qu'il juge trop voyante. Une autre fois, le 11 mai 1981, au lendemain de l'élection de François Mitterrand à l'Élysée, elle est sommée de retirer le brassard noir qu'elle a enfilé par provocation. Car, à 13 ans, la jeune adolescente a déjà un sacré tempérament. Un goût pour la provocation qui, là aussi, la rapproche de son père. L'un comme l'autre se prétendent persécutés, l'un comme l'autre ne font jamais profil bas et contre-attaquent, au contraire, de façon toujours plus violente. Quatre ans plus tard, un autre épisode va accentuer cette gémellité. Ce 12 février 1985, à la une de *Libération* s'affiche

1. Entretien avec l'auteur, 16 juin 2015.
2. Voir Christiane Chombeau, *Le Pen : fille & père*, Panama, 2007.

un énorme titre : «Torturés par Le Pen». Le quotidien a retrouvé des témoins qui accusent le lieutenant Le Pen de les avoir torturés lors de son passage en Algérie. Le scandale est énorme. Ce matin-là, Jean-Marie Le Pen éprouve quelques craintes pour sa fille. Une fois n'est pas coutume, il prend le temps d'un long et vrai tête-à-tête avec elle. Il l'assure d'abord qu'il n'a rien fait de tout ce dont on l'accuse. Certes, la guerre, «c'est dur, sans pitié», mais «ton père n'aurait jamais pu torturer quelqu'un, je peux te le jurer», lui dit-il. Puis Le Pen se fait protecteur : «Écoute, Marine, aujourd'hui, vu l'ambiance, tu peux peut-être te dispenser d'aller au lycée», lui souffle-t-il au petit déjeuner. Elle refuse. Certes, d'ordinaire, lorsqu'il s'agit de mentionner la «profession du père» sur les fiches de rentrée scolaire demandées par les enseignants, la jeune Marine se contente d'inscrire «directeur d'éditions musicales». Façon, bien compréhensible, de se protéger... Et puis, après tout, il ne s'agit que d'un demi-mensonge puisque Jean-Marie Le Pen est toujours, à l'époque, le P-DG de la fameuse SERP, cette petite société qui édite, notamment, des marches militaires et des chants du Troisième Reich. Mais ce jour-là, ce jour de l'hiver 1985 où la France entière accuse carrément son père d'être un tortionnaire, Marine n'a sûrement pas l'intention de renier son ascendance, pas même de la masquer. Au contraire, elle la revendique, haut et fort. Elle se rend en classe et déboule dans la cour du lycée Florent-Schmitt, les bras levés en signe de triomphe. Ses copines l'acclament. «Ce geste illustre le caractère exceptionnel de ma fille», se félicite encore aujourd'hui Le Pen.

Trente ans après, malgré la rupture, malgré toute la haine qui les sépare désormais, le père aime encore sa fille lorsqu'il se souvient combien celle-ci l'a défendu et a affiché publiquement sa vénération par le passé.

Peut-être ne l'a-t-il en fait jamais autant aimée qu'en 1984, au moment où Pierrette est partie. Ce mercredi 10 octobre 1984, Jean-Marie Le Pen est à Strasbourg, au Parlement européen. C'est Yann qui vient chercher sa petite sœur Marine à la sortie du lycée Florent-Schmitt et qui lui annonce le départ de leur mère. La benjamine n'arrive pas à y croire. Sa mère volage a disparu au bras de Jean Marcilly, le journaliste d'extrême droite qui s'était installé à demeure pour rédiger l'hagiographie du fondateur du Front national; pour Marine, le coup est trop violent. Elle reste terrée dans sa chambre de Montretout à pleurer à chaudes larmes.

Ses deux sœurs aînées, elles, ont flairé les difficultés du couple Le Pen depuis déjà un bon moment. Marie-Caroline et Yann savaient que Pierrette avait un amant et elles mesuraient le sacrifice quotidien que représentait la vie avec leur père qui transformait le domicile familial en succursale du Front national. Pas Marine. Pour elle, on ne quitte pas son père, cet être supérieur et si parfait. Pendant quelques semaines, elle espère voir sa mère revenir ou au moins lui adresser un signe de vie, une lettre, un coup de téléphone. Rien. La disparition est brutale, totale, définitive.

Le choix du père contre Pierrette

Alors Marine décide... d'enterrer sa mère. Pierrette n'existe plus. Au lycée, la jeune fille, toujours bravache, fait comme si sa mère était... décédée.

La procédure de divorce est longue et violente. Pierrette s'attache les services d'un jeune et brillant avocat fort en gueule et beau parleur... Gilbert Collard, futur député du Gard élu en 2012 grâce au Front national. Jean-Marie Le Pen refuse toute conciliation, sollicite des témoignages d'amis contre sa femme et fait même constater l'adultère par huissier. Le jugement du divorce, prononcé le 22 octobre 1985 par la 3e chambre du tribunal de grande instance de Nanterre, déboute Pierrette Le Pen, née Lalanne, de toutes ses demandes de prestation compensatoire ou de pension alimentaire et la condamne en revanche à verser 20 000 francs de dommages et intérêts à son époux. Elle obtient un droit de visite auprès de Marine qui est encore mineure, mais celle-ci refuse de la laisser l'exercer et choisit de rester à plein temps auprès de son père. Jean-Marie Le Pen triomphe. Pour se venger, Pierrette va commencer à vider publiquement ce qu'elle a sur le cœur.

En janvier 1986, dans une interview à *Lui*, elle accuse son ex-époux d'avoir « par ses déclarations, par ses accusations publiques, traîné la mère de ses enfants dans le caniveau. Il a dit que j'étais droguée, il a prétendu que je l'avais volé », s'indigne-t-elle. Elle accable de ses flèches un Le Pen machiste et brutal, parfois menaçant, qui adorait « une chose », qu'elle et ses filles viennent « le voir quand il était dans son bain ».

Cette amorce de grand déballage suscite une première réaction des trois filles unies dans la défense pleine et entière de leur père.

Marie-Caroline, Yann et Marine rédigent un communiqué qu'elles signent toutes. Des trois, c'est déjà la benjamine, Marine, la plus vindicative. Le texte est publié le 6 janvier 1986 :

« Des déclarations mensongères faites par notre mère à un certain nombre de journaux et l'utilisation qui en est faite dans le but de diffamer notre père nous contraignent à sortir de notre réserve et à témoigner publiquement pour la vérité. Nous savons qu'elle est au fond, comme nous, victime d'une machination politique, ourdie et menée par un professionnel, Jean Marcilly, l'ami et biographe du truand Attia, le mémorialiste du milieu et de la mafia, qui s'est introduit chez nous sous prétexte d'écrire un livre, *Le Pen sans bandeau*. C'est lui qui a détourné notre mère de ses devoirs, qui la cache dans son nid d'aigle au fin fond de la province, et qui l'utilise pour sa sale besogne. Nous témoignons que les allégations de notre mère sont un tissu d'affabulations calomnieuses. Elle était chez nous totalement libre de ses mouvements, elle n'est pas partie seule de la maison, mais pour rejoindre Marcilly, non pas sans rien, mais avec ses fourrures, ses bijoux, sa voiture. Elle n'est pas démunie de ressources mais possède un capital immobilier non négligeable. Nous étions bien placées pour savoir qu'avant l'arrivée de cet individu elle était une mère et une épouse heureuse et que l'affirmation qu'elle aurait été battue ou insultée alors ou depuis est un ignoble mensonge. Face à ces attaques, notre père a conservé une attitude stoïque et digne, au risque de laisser beau jeu à ses ennemis. Nous lui exprimons publiquement notre admiration et notre amour. »

« Machination », « sale besogne », « nid d'aigle », amant lié à la « mafia », on mesure la violence de l'affrontement au choix du lexique utilisé par les filles Le Pen.

À leurs yeux, leur mère n'a pas l'ombre d'une circonstance atténuante si ce n'est la naïveté qui l'a poussée dans les bras d'un malfaisant. Pour le reste, tous les torts lui incombent, la statue du père étant pour sa part parfaitement intacte, et même étincelante. Fort de cet inébranlable soutien de la progéniture, Jean-Marie Le Pen va en rajouter. Quitte à aggraver la rupture avec son ex-épouse.

« Une mère n'est pas une décharge publique... »

Un an plus tard, en avril 1987, le fondateur du FN, qui a également gagné son divorce en appel, enfonce le clou dans un entretien au mensuel *Playboy*. Pour bien signifier qu'il ne versera pas un centime de pension alimentaire à Pierrette, il assène : « Si elle a besoin d'argent, elle n'a qu'à travailler ! Madame Le Pen a un patrimoine qui lui assure 20 000 francs de revenus mensuels. Pour le reste, elle n'a qu'à faire ce que font les gens qui ont acquis l'indépendance de leur vie : soit se faire entretenir par son amant, soit travailler. Y compris en faisant des ménages, ce qui n'est pas déshonorant. »

La charge est humiliante, la vengeance de Pierrette sera pire encore. Deux mois plus tard, en juin, c'est elle qui s'offre la une de Playboy. Elle y apparaît... nue sous un tablier de soubrette sous le titre : « Madame Le Pen nue fait le ménage, Monsieur est servi... »

Pour justifier ce « droit de réponse très personnel », Pierrette explique dans le magazine : « Depuis trois ans que je l'ai quitté pour des raisons extrêmement précises, Jean-Marie Le Pen ne cesse de m'humilier publiquement, de me persécuter, de me diffamer. S'il n'avait pas commis avec autant de goujaterie, de muflerie, les déclarations dans les journaux les plus inattendues, personne n'aurait jamais su que nous divorcions. » Alors que là, évidemment, avec ces photos, ce n'est plus seulement le milieu politico-médiatique qui bruit des rebondissements de cette comédie de boulevard, c'est le pays tout entier qui se gondole... Le scandale est immense, l'affront fait au chef du FN stupéfiant ! Les trois filles se sentent salies par la provocation de leur mère. Marie-Caroline, l'aînée, a toutefois tendance à s'apitoyer un peu sur le sort matériel que son père inflige à sa mère. Yann, plus fragile, toujours en quête de discrétion, souffre du tollé et ne veut pas en rajouter, pour ne pas faire de vagues. Marine, elle, parce qu'elle idéalise par-dessus tout la figure de son père, est bien décidée à accabler Pierrette de tous les maux. Du haut de ses 18 ans, c'est elle qui, une fois encore, va le plus loin en décrétant très officiellement les obsèques de sa mère : « Nous avons perdu notre mère il y a trois ans, quand elle est partie. Aujourd'hui, après ces photos, nous ne pouvons plus la considérer comme notre mère. C'est pire que de la perdre vraiment. » Et de balancer une ultime pelletée de terre sur son cercueil : « Une mère, ça fait partie d'un jardin secret, pas d'une décharge publique ! »

Le règlement de comptes franchit un stade ultime en avril 1988. Cette fois, c'est à l'hebdomadaire mitterrandolâtre *Globe* que Pierrette Lalanne se livre. Elle accuse d'abord Jean-Marie Le Pen de multiplier les propos antisémites dans l'intimité familiale, puis, dépitée, abandonnée des siens, elle finit par confesser qu'elle n'a jamais vraiment eu de liens avec ses filles : « J'ai trois enfants, mais ce ne sont pas les miens. Elles ont le caractère, le physique de Le Pen. » Puis, évoquant les multiples petits copains de ses filles passés à la maison, elle lâche : « Ce qu'il y a de plus comique dans l'histoire, c'est que deux des trois se font initier par des juifs »... Les filles Le Pen réclament la saisie du mensuel. En vain. Elles obtiendront toutefois, plus tard, le retrait d'un encart tiré à part reprenant le contenu de ce nouvel entretien explosif.

Entre-temps, la benjamine, Marine, a déjà écrit au juge pour solliciter le droit de rester chez son père. Devant la loi, en toute connaissance de cause, et sans influence extérieure, elle choisit donc très officiellement, noir sur blanc, papa contre maman. L'acte n'est pas anodin. Il n'est pas non plus sans laisser de traces. « Marine a été admirable, d'une solidarité totale avec moi ! », approuve Jean-Marie Le Pen plus de trente ans plus tard.

Surtout que, dans le même temps, systématiquement, contre toutes les accusations de racisme et d'antisémitisme qui accablent le président du FN, la jeune fille a pris l'habitude de défendre son père en bloc. Sans nuance. Inlassablement. Infaillible il est, infaillible il demeure ! « La notion de clan Le Pen, c'est structurant et continu », confirme Carl Lang, intime du noyau familial à l'époque, qui rappelle l'indépassable adage qui gouverne l'existence et la vision du monde de Jean-Marie Le Pen : « Je préfère mes filles à mes cousines, mes cousines à mes voisines, et mes voisines à des inconnues... »

« Médiocre » et « fêtarde »

À la même période, étudiante en droit à l'université d'Assas, Marine « le clone » est cornaquée par Jean-Claude Martinez, professeur de droit public dans la même fac et proche conseiller de son père. « En première, puis en deuxième année, elle venait faire ses devoirs dans mon bureau à l'Assemblée nationale. Je l'aidais à préparer ses TD », raconte l'ancien député frontiste qui se souvient d'une étudiante « très médiocre et très fêtarde[1] », beaucoup plus intéressée par la fréquentation des bars et des garçons que par la lecture des arrêts de droit. Entre 1986 et 1988, alors que le Front national dispose d'un groupe de députés à l'Assemblée nationale, l'étudiante Marine passe le plus clair de son temps au Palais-Bourbon, dans

1. Entretien avec l'auteur, 13 mai 2015.

les bureaux de la trentaine de députés lepénistes, mais aussi à la bibliothèque, et à traîner dans les couloirs. La politique l'intrigue plus qu'elle ne l'intéresse. Elle y est aimantée par son nom plus que par ses convictions encore peu arrêtées. « Contrairement à sa sœur aînée, Marie-Caroline, qui était une vraie militante, Marine ne voulait pas faire de politique. Ça ne l'intéressait pas, elle considérait que son nom, Le Pen, était un poids, un obstacle à son accomplissement personnel et surtout professionnel[1] », raconte Carl Lang.

En 1991, la jeune étudiante candidate figure toutefois sur la liste du Centre national des étudiants de Paris (CNEP) qui cherche à conforter l'influence des lepénistes au sein du milieu universitaire. Mais sur les bancs d'Assas, ses véritables amis sont bien plus radicaux encore. Ils militent au GUD, le Groupe Union Défense, un groupuscule néofasciste plutôt musclé qui manie allègrement la barre de fer. Parmi eux, Frédéric Chatillon qui, près de trente ans plus tard, devenu l'homme des basses œuvres et des financements douteux, est toujours l'un des plus proches de la présidente du FN, on l'a déjà évoqué.

Fêtarde, la jeune Marine sort, passe ses soirées en boîte, s'enivre au champagne et ne fait de la politique que de loin en loin, pour rendre service aux copains. Il faut bien que jeunesse se passe... Ainsi se retrouve-t-elle en queue de liste sur celle du FN lors des municipales à Saint-Cloud, en 1989, puis bombardée en mars 1993,

1. Entretien avec l'auteur, 18 novembre 2016.

sans aucun espoir de victoire, comme candidate aux législatives face à une figure du RPR, Bernard Pons, dans le XVIIe arrondissement de Paris. Régulièrement, pour lui faire plaisir et lui offrir un peu de bon temps, Jean-Marie Le Pen l'envoie aussi le représenter aux Antilles et en Guyane lors des campagnes électorales. La complicité entre le père et sa fille ne se dément jamais...

Le résultat de cette intimité poussée à l'excès s'étale pendant la campagne présidentielle de 1988 dans un entretien croisé de quatre pages entre eux deux, dans les colonnes de *Paris Match*. C'est aussi kitsch que mièvre, sirupeux et dégoulinant à souhait. Cette psychanalyse familiale au grand jour est surtout significative de l'amour sans bornes que la fille porte à son père. C'est Marine qui interroge Jean-Marie, candidat à la présidentielle : « Papa, à quoi correspond ton changement de coiffure et de silhouette à 59 ans ? », « Papa, par expérience, je sais que plus on te connaît, plus on t'aime... », « Qu'aimes-tu partager avec tes amis et qu'est-ce qui te fait rire ? ». Tout est à l'avenant... La confession, digne des entretiens menés par l'animatrice Karine Lemarchand alanguie sur son divan, est menée par la fille, et le père s'y prête avec un plaisir gourmand. Décidément, ces deux-là ne font qu'un !

Une fois obtenu son certificat d'aptitude à la profession d'avocat (CAPA), Marine Le Pen a du mal à trouver un cabinet qui accueille ses premiers pas dans le métier. Pas de problème, une fois encore, papa est là. Jean-Marie Le Pen décroche son téléphone et appelle son vieil ami avocat Georges-Paul Wagner, militant monarchiste et membre du bureau politique du Front national. Celui-ci se fait un plaisir d'accueillir dans ses murs la fille du chef dont il gère aussi les affaires personnelles. Deux ans durant, elle fait son apprentissage et traite de menus dossiers, toujours sous la protection du lieutenant de son père.

Et puis Marine Le Pen va vouloir s'émanciper. Elle intègre un cabinet groupé. « Elle se met à son compte de manière un peu légère, glisse Jean-Marie Le Pen, elle s'en croit, elle pense que[1]... » Et elle n'y arrive pas. Son père, encore lui, essaye de l'aider en lui confiant quelques affaires. Elle y ajoute quelques dossiers de droit commun sans importance : violences volontaires de la part d'un skinhead, querelles de voisinage, ou encore défense de quelques militants du FN en difficulté avec la justice. Elle défend notamment une demi-douzaine de militants du GUD qui avaient occupé illégalement les locaux de la station de radio Fun Radio à l'issue d'une manifestation interdite le 9 mai 1994, puis son propre beau-frère, Samuel Maréchal, époux de Yann Le Pen, poursuivi pour une bagarre avec de jeunes manifestants lors du passage de la caravane électorale du Front national de la jeunesse dans la ville d'Auch en mars 1995.

En juin 1997, Marine Le Pen épouse Franck Chauffroy rencontré l'année précédente lors de la Fête des Bleu-blanc-rouge (BBR). Elle tombe rapidement enceinte et à l'automne, force est de constater que ses affaires périclitent.

1. Entretien avec l'auteur, 9 novembre 2016.

Elle n'a pas de clients, pas de dossiers, et donc pas de revenus. C'est l'échec. La benjamine des filles Le Pen n'est pas parvenue à s'émanciper de son père.

Un papa poule… aux œufs d'or

C'est alors qu'elle suggère à Jean-Marie Le Pen de créer au sein du FN un service juridique chargé de prendre en charge les contentieux du parti et de lui en donner la responsabilité. Le président obtempère aussitôt. «Papa vole à son secours et lui offre une solution de facilité», commente Carl Lang, selon lequel Marine Le Pen vient donc à la politique «par défaut». Jean-Marie Le Pen relègue alors l'avocat du parti, Marcel Ceccaldi, à un rang secondaire, et donne à sa fille la haute main sur tous les litiges en cours du parti. De fait, c'est Ceccaldi qui règle tout au FN, c'est lui qui abat tout le boulot juridique, mais c'est Marine Le Pen qui en empoche les bénéfices grâce au coup de pouce de son père. Un vrai papa poule... aux œufs d'or.

À compter du 1er janvier 1998, voilà Marine Le Pen salariée du Front national comme directrice des affaires juridiques du parti d'extrême droite. Elle touche le coquet salaire de 30 000 francs (4 500 euros) mensuels pour un... deux tiers de temps. La jeune femme est en effet enceinte et entend garder du temps pour s'occuper de ses enfants à venir, Jehanne, qui naît le 25 mai 1998, puis ses jumeaux Louis et Mathilde, le 5 avril 1999.

Elle n'a guère de difficulté à faire valoir ses revendications auprès de son employeur de père...

Au «Paquebot», le surnom du siège du FN situé au pied de la colline de Saint-Cloud, en contrebas de la bretelle de l'autoroute A13 qui file vers la Normandie, Marine Le Pen occupe le plus clair de son temps à passer au crible les dépenses de Bruno Mégret et de ses amis pour mieux leur couper les vivres. Elle hérite ainsi du sobriquet de «policière du Paquebot». Dans les couloirs du siège du FN, d'autres, à l'humour douteux mais plus en phase avec l'histoire de l'extrême droite, lui ont collé l'étiquette de «kapo». À la demande de son père, elle se livre à un audit détaillé de toutes les dépenses engagées par l'ensemble des structures parallèles, cercles, associations et groupes divers, créées par l'ambitieux second de Le Pen. Avec un œil particulièrement vigilant sur l'Institut de formation nationale (IFN) grâce auquel Mégret rassemble les subventions publiques destinées à la formation et à l'encadrement des élus frontistes qui lui deviennent dès lors fidèles et redevables.

«Le Pen la poussait depuis un moment pour nous nuire[1]», se souvient Bruno Mégret. Le fondateur du FN n'avait pas digéré l'épisode du congrès de Strasbourg où, neuf mois plus tôt, les mégrétistes s'étaient donné le mot pour faire battre la fille du chef lors de l'élection du comité central (CC). Un coup fumant, et réussi, puisque, lors du dépouillement, Marine Le Pen n'arrive pas parmi

1. Entretien avec l'auteur, 5 mai 2015.

les 100 premiers noms qui doivent composer le « parlement » du parti.

C'est Bruno Mégret, auréolé de sa récente victoire municipale à Vitrolles (Bouches-du-Rhône), qui arrive nettement en tête du scrutin interne, avec 3 758 voix, devant son fidèle lieutenant Jean-Yves Le Gallou (3 439 voix).

Ivre de rage de voir sa benjamine éliminée, Jean-Marie Le Pen prétexte d'abord un incident informatique pour réclamer un recomptage manuel des bulletins. Le résultat est identique, et l'humiliation confirmée. Le résultat est d'autant plus cinglant que Marie-Caroline, la fille aînée de Le Pen, est brillamment élue à la quatorzième place du scrutin. Or « Caro » est la compagne de Philippe Olivier, l'un des plus proches soutiens de Bruno Mégret. Le complot est acté, la trahison en germe, et les signes d'une prochaine explosion familiale déjà palpables. Jean-Marie Le Pen, lui, use de la toute-puissance dévolue par le règlement du parti au président du FN pour repêcher sa Marine et l'intégrer au sein du comité central. Sa benjamine bénéficie une fois encore d'un statut privilégié, elle jouit à plein de la préférence familiale qui régit le Front national. Son père la convie même de plus en plus régulièrement à venir participer aux réunions du bureau politique.

Au même moment, Jean-Marie Le Pen pousse la bienveillance filiale jusqu'à prendre soin de son gendre, Franck Chauffroy. Gros fêtard et fort peu travailleur, celui-ci peine à implanter sa petite entreprise de location de matériel pour l'événementiel.

Pas de problème, beau-papa est là! Jean-Marie Le Pen impose au FN de recourir à la société de Franck Chauffroy pour louer 7 500 chaises au tarif de 1 280 000 francs (195 000 euros) pour la fête des Bleu-blanc-rouge du parti d'extrême droite. Puis, l'entreprise ayant fait faillite avant de remplir son contrat, Le Pen renonce à lui réclamer les arrhes déjà versées.

« C'est le front familial, Le Pen est alors en pleine dérive monégasque », ironise Bruno Mégret. Au moment de la scission du FN, Marine Le Pen devient le bras armé de son père pour traquer les « félons ». Fidèle à Jean-Marie Le Pen, Carl Lang a proposé quelque temps plus tôt à sa fille de la prendre sur la liste aux régionales dans le Nord-Pas-de-Calais. Pour des raisons familiales et géographiques, puisqu'elle vit chez papa, à Montretout, Marine Le Pen ne cède qu'à reculons. Mais la voilà enfin dotée d'un premier mandat, celui de conseillère régionale du Nord-Pas-de-Calais. Pour son père, l'événement fait figure de déclic. Marine élue ? Il n'y avait pas même songé... Jusque-là, il s'était surtout préoccupé de l'avenir politique de son aînée, Marie-Caroline. Mais voir sa benjamine tout à coup ceinte d'une écharpe d'élue va changer le regard du président du FN sur sa progéniture. Car, pour lui, le Front national n'a jamais eu d'existence autonome. Le parti se confond avec sa propre existence. Le FN, c'est Le Pen, c'est même la marque Le Pen ! Dès lors, il ne peut, au fond de lui, envisager d'héritier autre que quelqu'un portant son nom. C'est la raison pour laquelle, dès 1985, il avait mis le pied à l'étrier à Marie-Caroline, candidate une première fois aux cantonales face à Nicolas Sarkozy à Neuilly. Elle le sera par la suite lors de multiples scrutins cantonaux face à Charles Pasqua, ou législatifs, par exemple contre le dignitaire RPR Bernard Pons dans le XVIIe arrondissement de Paris et même face à Nicolas Sarkozy à Neuilly-sur-Seine. Elle réussit à se faire élire conseillère régionale d'Île-de-France à deux reprises, en 1993 et 1995 et atteint le second tour des législatives de 1997 à Mantes-la-Jolie. Mais, après une douzaine d'années de bons et loyaux services politiques, la scission de la fin de l'année 1998 va conduire la compagne de Philippe Olivier à rallier le camp mégrétiste. Le Pen la répudie publiquement, déjà, sur le plateau du 20 heures de TF1, le 9 décembre 1998 : « Elle est liée à l'un des chefs de la sédition et fait partie de ces femmes qui ont l'habitude de suivre leur mari ou leur amant plutôt que leur père. » L'aînée répudiée, la cadette, Yann, refusant de concourir aux élections pour se contenter de l'organisation des meetings, ne reste plus que la benjamine, Marine. Le matin même de la répudiation télévisée de sa sœur aînée, elle prend pour la première fois la parole publiquement dans une interview au *Parisien*. Loin de chercher l'apaisement, Marine Le Pen souffle sur les braises pour attiser le divorce : « Les choses doivent être claires, menace-t-elle. Ou bien Bruno Mégret désavoue les putschistes et reprend le combat. Ou alors il doit en tirer les conséquences. S'ils sont aussi nombreux qu'ils le prétendent, que lui et ses amis créent alors leur propre parti ! » On le voit, Marine Le Pen ne redoute pas la scission du Front national, elle la souhaite. Pendant toute la fin de l'année 1998, elle multiplie menaces, intimidations et procédures à l'endroit des soutiens de Bruno Mégret.

Elle sait que l'explosion du parti va lui offrir l'espace politique pour assouvir son ambition politique naissante. Mieux encore, débarrassée de la concurrence de son aînée Marie-Caroline, Marine devient la seule des filles portant le nom Le Pen qui soit susceptible d'hériter du magot du parti.

Quand la scission règle... la succession

La mécanique de la succession s'enclenche au lendemain même de la scission mégrétiste. Pour empocher un jour l'héritage, il suffit de coller au plus près au créateur, de multiplier les signes de respect, d'allégeance et d'obéissance. Marine va s'y appliquer avec d'autant plus de zèle... que tel est bien son état d'esprit. Un soutien sans faille ni limites à son père injustement trahi et attaqué de toutes parts, jusqu'au sein du clan familial.

À la fin du mois de novembre 1998, quelques jours avant que la scission du FN n'éclate au grand jour de façon brutale et spectaculaire, Marie-Caroline a quitté le manoir de Montretout, où elle vivait avec le mégrétiste Philippe Olivier, pour aller s'installer à Suresnes. C'est le moment que choisit Marine Le Pen pour... revenir à Montretout. En instance de séparation avec Franck Chauffroy, la benjamine revient au bercail. Cette tentative d'émancipation-là a donc également échoué. Après le naufrage professionnel de sa balbutiante carrière d'avocate, la voilà incapable de prendre ses ailes géographiquement. Marine va pousser le dévouement à son père jusqu'à... gérer ses intérêts dans le conflit qui l'oppose à sa sœur Marie-Caroline pour la détention de la SERP d'abord, puis pour celle de la maison familiale de La Trinité. Une fois encore, comme lors de la séparation de ses parents quatorze ans plus tôt, la benjamine prend fait et cause pour son père. D'ordinaire, dans ce genre de sordides conflits familiaux, la plupart des tierces parties s'efforcent de rester à l'écart et de cultiver un semblant de neutralité. Ce n'est pas le genre de Marine Le Pen. Au moment de s'engager corps et âme dans la bataille pour défendre la cause de son géniteur, elle n'éprouve ni gêne ni remords pour accabler l'autre partie, sa mère en 1984, sa sœur aînée en 1998. Et tant pour la gestion de la société d'édition dont Marie-Caroline était devenue gérante que pour l'usufruit de la bâtisse familiale de La Trinité, Marine n'hésite pas à se montrer sans pitié aucune envers sa sœur. Car, de cette sujétion à son père, Marine entend bien s'appliquer à faire un atout politique.

Bruno Mégret parti avec la majorité des cadres et des militants, le FN manque de tout. Et d'abord de têtes de file médiatiques. Marine Le Pen s'empare du créneau et se met à truster plateaux et micros. Son baptême du feu médiatique a lieu le soir du second tour de la présidentielle, le 5 mai 2002. Après la « divine surprise » de la qualification de Jean-Marie Le Pen pour ce second tour au soir du 21 avril, elle a tenté de s'imposer dans le dispositif de campagne de l'entre-deux-tours avec l'appui de son beau-frère Samuel Maréchal, époux de Yann et père adoptif de Marion. Marginalisé et relégué sur la touche depuis trois ans, Samuel Maréchal réapparaît au « Paquebot » le 22 avril au matin. Bruno Gollnisch, qui dirige l'équipe de campagne, est effaré de cet opportunisme, mais Marine et « Sam » affichent leur complicité, avec la bénédiction de Jean-Marie. Ils ne pèsent toutefois guère que sur le contenu de la profession de foi pour le second tour et, surtout, sur la confection d'une affiche en noir et blanc du candidat Le Pen en version vieux sage apaisé, col roulé et sourire rassurant. Pas de quoi endiguer le flot de la mobilisation massive anti-Le Pen qui parcourt tout le pays. Deux semaines plus tard, le 5 mai au soir, donc, Le Pen est humilié avec à peine 18 % des suffrages, et l'ambiance a changé au siège du Front national. Jacques Chirac, le pire ennemi de Jean-Marie Le Pen, est réélu triomphalement avec 82 % des suffrages. Pour le leader d'extrême droite, redevenu plus sulfureux que jamais, le camouflet est historique. Au soir de cette déroute, les dirigeants frontistes ne se bousculent pas sur les plateaux de télévision. Sous la mitraille, les vocations suicidaires se font rares. C'est Alain Vizier, attaché de presse du FN et compagnon historique de Jean-Marie Le Pen, qui pousse Marine sur le plateau de France 3. « Il n'y a personne d'autre de disponible... », souffle Jean-Marie Le Pen. En fait, Alain Vizier a sollicité Carl Lang. Toujours loyal et discipliné, le secrétaire général décline la proposition et demande à Vizier de proposer la place au délégué général du parti, Bruno Gollnisch. « Je ne voulais pas faire un enfant dans le dos à Bruno et lui piquer la place qui lui revenait. C'est quand même lui qui avait dirigé la campagne présidentielle... », se justifie Carl Lang. Sauf que Vizier déteste Gollnisch. Il le juge « ringard », vieux jeu, « réac », pour tout dire, immontrable à la télévision... Résultat, plutôt que de demander à l'élu lyonnais, le chargé de la communication du FN envoie sur le plateau de France 3 celle qu'il a vue grandir et qu'il couve d'un regard affectueux depuis sa plus tendre enfance... Marine Le Pen. Et la fille du chef crève l'écran ! Elle revient sur la campagne d'entre-deux-tours et pilonne ses adversaires avec une rhétorique directement inspirée de son père : « La France s'est transformée en camp de rééducation psychologique. Les Français ont eu peur parce qu'on leur a fait peur. On leur a dit que, si Jean-Marie Le Pen était élu, les rivières s'arrêteraient de couler, le soleil ne se lèverait plus, ce serait le début de l'ère glaciaire. » Le numéro fait mouche. « Tu as fait une intervention de grande professionnelle, et presque de présidente de la République », lui glisse Alain Vizier, chargé de la communication de son père depuis le début des années 1980, au soir de cette première prestation de poids.

Dès lors, avec la bénédiction de Jean-Marie Le Pen, Vizier va s'appliquer à pousser consciencieusement Marine dans les médias.

En l'espace de quelques semaines, elle est propulsée en premiège ligne. Couvée, protégée, choyée par un système familial, celui de son père, elle se convertit aussitôt au système médiatique. Elle court après les micros sans grand mal pour les rattraper... tant elle fascine les médias. Le chœur médiatique se réjouit inconsciemment d'avoir enfin une figure neuve à promouvoir dans l'univers frontiste monopolisé depuis si longtemps par celle, peu ragoûtante, et désormais usée, du fondateur. L'épisode Mégret, personnage aussi falot qu'« invendable », a laissé les télévisions sur leur faim. Ce polytechnicien glacial, chétif, au débit mécanique de technocrate sans âme, était impossible à mettre en images. L'irruption de Marine Le Pen, femme, jeune, grande gueule, et ressemblant tellement à son père, est une aubaine. Pour refaire de l'audience, et tutoyer les records d'affluence atteints lors des premiers passages télévisuels de Le Pen dans les années 1980, notamment dans son émission fétiche, « L'Heure de vérité », les médias disposent enfin d'un nouveau produit. Sans doute l'apparition inopinée d'une descendance télévisuelle de Georges Marchais aurait-elle prolongé quelque peu l'écho des performances médiatiques de l'ancien secrétaire général du PCF, ex-vedette du petit écran des années 1970... C'est exactement ce qui se produit avec l'arrivée de Marine Le Pen au lendemain de l'élection présidentielle de 2002 sur la grande foire aux bestiaux médiatiques qui sert trop souvent d'agora politique. Son père avait son rond de serviette à « L'Heure de vérité » de François-Henri de Virieu, la fille va acquérir une place de choix à l'émission « Mots croisés », sur France 2, présentée par Arlette Chabot qui va se mettre à la convier régulièrement, tant il s'agit de ce que les médias appellent une « bonne cliente », assurant un succès d'audience.

Mais, plutôt que de passer d'un « système » à l'autre, du népotisme aux sunlights, toute l'astuce de Marine

Le Pen va consister à faire perdurer et cohabiter le plus longtemps possible ces deux logiques antinomiques de conquête du pouvoir. Pour profiter pleinement de leurs avantages respectifs pourtant contradictoires. La fidélité à Jean-Marie Le Pen et aux fondamentaux du FN d'un côté, une attitude garante d'orthodoxie idéologique et de fermeté doctrinale, et la mise en scène d'une image assagie, « différente », et pour tout dire « dédiabolisée » de l'autre, pour capter la lumière des médias. Avec l'aide de Samuel Maréchal, de Philippe Péninque et de quelques autres, elle crée, dès 2003, au sein du FN, une association, Génération Le Pen, dotée d'un petit journal, *L'Aviso*, qui affiche la plus parfaite fidélité au fondateur du Front national.

Un double langage diabolique

Dans le même temps, Marine Le Pen ne cesse d'accabler en « off » auprès des journalistes la vieille garde poussiéreuse qui, selon elle, emmène le FN dans le mur et le condamne à la défaite.

De Bernard Antony à Jacques Bompard, en passant par Marie-France Stirbois ou Bruno Gollnisch, tous ces vieux fidèles enragent de voir Jean-Marie Le Pen accorder à sa fille ce qu'il leur refuse, c'est-à-dire l'organisation et la structuration, au sein du parti, d'un courant politique en bonne et due forme. Rien à faire, la fille du chef bénéficie décidément d'un statut à part qui lui accorde des avantages dont elle sait profiter pleinement.

« À l'intérieur du Front national, dans les instances du parti comme le bureau politique, Marine Le Pen défend une ligne parfaitement orthodoxe, et à l'extérieur, grâce à Génération Le Pen, à *L'Aviso* et aux relations presse, elle conduit une stratégie de différenciation », analyse Carl Lang.

Ainsi, pendant un peu moins de dix ans, Marine Le Pen va faire de cette double posture, et de ce double langage, un marchepied vers l'ascension et la conquête du pouvoir frontiste. Un stratagème diabolique...

Car, plus que jamais, et davantage encore à mesure que le temps passe, Jean-Marie Le Pen est bien décidé à favoriser le renforcement des positions de sa progéniture au sein du Front national. Et tant pis si ce népotisme attise rancœurs et jalousies, accumule les divisions et suscite bien des soubresauts en interne. Dans les mois qui suivent la présidentielle de 2002, le fondateur du Front national va en effet se complaire à multiplier les déclarations flatteuses à l'endroit de sa fille. Tout en répétant que sa succession à la tête du parti n'est pas ouverte et que, quand ce moment viendra, il y aura pléthore de postulants tous plus crédibles et estimables les uns que les autres, Jean-Marie Le Pen ne tarit pas d'éloges pour sa benjamine, « une jeune mère de famille, membre du bureau politique, conseillère régionale du Nord-Pas-de-Calais, et qui a obtenu aux législatives un très beau score dans le bassin minier ». Surtout, pour Le Pen, sa fille Marine est « une militante qui a fait l'apprentissage de la persécution politique très jeune » puisqu'« elle n'avait que 8 ans lorsque la villa Poirier a explosé », répète-t-il à tout bout de champ. Et ce brevet-là, on le mesure dans tous les propos de Le Pen, vaut bien à ses yeux tous les actes de bravoure politique.

Au point que, à la fin de l'année 2002, dans le journal *Le Monde*, le président du FN se laisse aller à prophétiser un avenir radieux pour sa descendance. Entre deux phrases louangeuses pour le numéro deux officiel, Bruno Gollnisch, Jean-Marie Le Pen couvre Marine de compliments : «À 34 ans, il lui reste beaucoup à apprendre, concède-t-il, mais Marine apprend vite. Elle a l'étoffe pour devenir, le jour venu, présidente du Front national et peut-être mieux que cela.» Et Le Pen d'assener le coup de grâce : «Ce n'est pas à Gollnisch qu'il faut la comparer, mais à des femmes politiques comme Martine Aubry, Ségolène Royal ou Élisabeth Guigou.»

Cette déclaration d'amour pour sa progéniture est un rien trop voyante pour ne pas susciter l'émoi chez les partisans de Bruno Gollnisch, qui lorgne la succession du fondateur du FN.

En avril 2003, au douzième congrès du FN réuni à Nice, les adversaires de Marine Le Pen s'organisent donc pour lui faire barrage au moment de l'élection du comité central. La fille du chef tombe de la dixième place, obtenue au congrès de 2000 au lendemain de la scission mégrétiste, à la trente-quatrième place du «parlement» du parti. Bruno Gollnisch et ses fidèles, eux, caracolent en tête du classement. Les partisans de Marine Le Pen sont victimes de consignes de vote souterraines qui les font rétrograder durement : Éric Iorio se retrouve à la cinquante-neuvième place, Louis Aliot soixante-deuxième, et Guillaume Vouzellaud dégringole jusqu'au soixante-quinzième rang ! « C'était une cabale, un coup détestable qui avait été monté par Marie-France Stirbois et les époux Baeckeroot », raconte Jean-Marie Le Pen.

À l'époque, excédé, le président du FN y voit une agression personnelle : « Les gens qui attaquent Marine, en fait, c'est moi qu'ils visent, donc je vais me défendre ! », prévient-il. « J'ai essayé d'expliquer à Jean-Marie que ceux qui contestaient les positions de Marine Le Pen lui étaient restés parfaitement fidèles comme ils l'avaient, du reste, montré lors de la scission mégrétiste de 1998, il n'a jamais voulu l'entendre », se lamente Carl Lang. Pour Le Pen, son destin et celui de sa fille ne font qu'un. Il est donc décidé à régler leurs comptes à tous ceux qui oseront faire barrage à leur volonté commune. Non seulement, une fois de plus, le patriarche vole au secours de sa benjamine mais, mieux encore, il la promeut en la propulsant vice-présidente du FN. Il lui ouvre ainsi les portes du saint des saints, le bureau exécutif, le gouvernement du parti limité à moins de dix membres. La famille passe une nouvelle fois avant le parti. Le Pen adresse un énième bras d'honneur de chef tout-puissant à la démocratie militante, et Marine savoure cette consécration qui fait fi d'une « crispation d'apparatchiks », en rendant un vibrant hommage à son père : « Lui et moi, on a de grandes choses à faire ! »

Les « purgés » de la vieille garde

Au sein du FN, nombre de cadres historiques vont se cabrer de plus en plus face à l'ascension programmée de l'héritière. Le premier à claquer la porte du FN est Bernard Antony, chef de file des catholiques traditionalistes qui règne sur une kyrielle d'associations militantes dont Chrétienté-Solidarité. Exaspéré par les déclarations répétées de Marine Le Pen en faveur de l'IVG, ce « catho-tradi », élu du Sud-Ouest et adversaire acharné de la loi Veil, surnommé « l'Ayatollah Cassoulet » pour sa raideur doctrinale, finit par démissionner du Front national. Il est vrai que, pour faire place nette à sa benjamine, et plus précisément à l'un de ses fidèles, Louis Aliot, qui n'allait pas tarder à devenir son compagnon et s'impose comme nouveau leader frontiste en Midi-Pyrénées, Jean-Marie Le Pen refuse de reconduire Bernard Antony en position éligible sur la liste frontiste pour les élections européennes de juin 2004. Il est le premier de la longue liste des « purgés de Marine » que le fondateur du FN va écarter, évincer, limoger pour favoriser sa fille avant de lui céder, le moment venu, son sceptre. En janvier 2005, Jean-Marie Le Pen ressasse ses obsessions historiques dans les colonnes du journal d'extrême droite *Rivarol*. Évoquant la Seconde Guerre mondiale, le président du FN explique doctement que « l'occupation allemande n'a pas été aussi inhumaine que cela »...

Aussitôt, Marine Le Pen saute sur l'occasion pour afficher sa désapprobation. Elle boude ostensiblement les réunions des instances du Front national pendant plusieurs mois, se retire de longues semaines dans la maison familiale en Bretagne, distille en « off » les commentaires assassins dans la presse, et menace de claquer la porte du FN et d'arrêter la politique... Mais elle n'en fait rien. Et elle se garde bien de démissionner du bureau politique ou du bureau exécutif du parti d'extrême droite, ces cénacles pour lesquels elle ne cache pas son profond mépris. Un carré de fidèles du fondateur du FN, emmenés par Carl Lang, Marie-France Stirbois et Jean-Pierre Reveau, monte au front pour défendre les propos de Jean-Marie Le Pen et s'indigne auprès de lui de « l'hypocrisie » de sa fille. « Laisse, ça lui passera, elle est jeune... », évacue le président du FN décidément très indulgent envers son insolente progéniture. « Il lui a tout passé, tout pardonné... », s'indigne encore Carl Lang.

Il sera bientôt l'une des principales victimes de cette longue, lente, mais inexorable épuration. Fidèle d'entre les fidèles de Jean-Marie Le Pen, Lang va être liquidé sur l'autel de l'ascension de l'héritière. Lui n'a de cesse d'alerter le président du FN des effets du double jeu de sa fille : « En interne, elle était toujours loyale, disciplinée et solidaire, explique-t-il, et en externe, auprès de la presse, elle passait son temps à débiner les anciens pour faire sa promotion personnelle comme jeune femme moderne, modérée et pragmatique. » Un double jeu qui n'est ni du goût ni du style de Carl Lang, ce lepéniste pur jus taillé d'un bloc. Secrétaire général, ce militant historique, ayant gravi tous les échelons d'un parti qu'il a rejoint dès 1978, à 20 ans tout juste, se retrouve dans le collimateur de Marine Le Pen. Elle le soupçonne de placer des secrétaires départementaux qui lui sont hostiles. Elle met la pression sur son père pour qu'il incite Carl Lang à lâcher les rênes de l'appareil. Pendant deux ans, poussé par sa fille, Le Pen demande à Carl Lang la tête de Jacques Bompard qui dirige la fédération frontiste du Vaucluse. En vain : Lang fait le sourd. Son obstruction exaspère Marine au plus haut point. En 2005, Le Pen finit par exiger sa démission du secrétariat général. Lang cède, et il est remplacé par... Louis Aliot, le compagnon de Marine. Dès lors, la fille du chef va tisser sa toile rapidement en obtenant de son père la tête de tous ceux qui contestent son ascension.

Ainsi, en octobre 2005, deux dirigeants historiques passent à la trappe, le maire d'Orange (Vaucluse), Jacques Bompard, et Marie-France Stirbois, veuve de Jean-Pierre, l'ancien numéro deux du FN disparu dans un accident de voiture en 1988. Tous deux n'ont de cesse de vilipender l'attitude de l'héritière et de son clan, qu'ils surnomment « la bande des jet-setters » pour leur propension à se vautrer dans des orgies arrosées. Le premier, Jacques Bompard, a créé un club qu'il a baptisé « L'Esprit public » pour rassembler tous ceux qui, hors du FN, critiquent l'influence croissante de la fille de Jean-Marie Le Pen. Il séduit en particulier les Identitaires qui accusent Marine Le Pen de trahir en refusant haut et fort d'assumer l'étiquette d'extrême droite. Interrogé par le quotidien *La Provence*, Jean-Marie Le Pen s'insurge de l'initiative de Jacques Bompard qui a pourtant fondé le FN à ses côtés en prenant les rênes de la fédération du Vaucluse dès

1972. Il fustige une tentative de déstabilisation : «Jacques Bompard a autant de chances de devenir président du Front national que moi d'être archevêque.» Le maire d'Orange réplique aussi sec : «Concevez que vous avez davantage de chances de devenir archevêque que d'être un jour élu au scrutin majoritaire à deux tours.» Mécontente d'être écartée de la liste FN pour les européennes, Marie-France Stirbois, elle, ose dénoncer publiquement le souhait de «Jean-Marie Le Pen et son entourage d'éliminer tous ceux qui peuvent s'opposer à la prétendue volonté de Marine Le Pen de moderniser le programme du Front national». Figure historique du FN, la veuve de Jean-Pierre Stirbois juge carrément «inacceptable que la coterie autour de Marine Le Pen puisse lancer sur la place publique des ballons d'essai sur tel ou tel aspect de notre programme alors que le bureau politique n'en a pas été saisi».

En octobre 2005, Marine Le Pen obtient donc enfin de son père la convocation du tandem Bompard-Stirbois devant un bureau exécutif extraordinaire. Le procès se tient à Montretout dans les bureaux de Jean-Marie Le Pen, au premier étage de l'hôtel particulier de Saint-Cloud. Le vieux chef ouvre la séance par la lecture d'un réquisitoire, reprochant leur indiscipline aux deux fortes têtes. Jacques Bompard se défend pied à pied. Le Pen s'énerve : «Tu mens comme un arracheur de dents!» Bompard, chirurgien-dentiste de profession, réplique : «Tu étais bien content de l'avoir, l'arracheur de dents, quand tu as eu besoin qu'il te fasse un dentier gratuit!»

Le pugilat vire au Pagnol[1]. Le député européen Jean-Claude Martinez, qui fait partie du jury, vole au secours des deux accusés : «Jean-Marie, tu sais bien que Jacques a toujours été un emmerdeur. Et Marie-France une forte tête... Mais le mouvement a besoin d'eux...» Le Pen manque de se laisser attendrir. Sa fille, silencieuse depuis le début des échanges, bout de voir se reconstituer ces vieilles camaraderies. Elle finit par exploser : «Tu vois bien qu'ils sont en train de te rouler!» Marine Le Pen dépeint un complot ourdi dans le dos de son père, un thème dont le succès est toujours garanti à l'extrême droite. Elle souffle sur les braises de la hargne de son géniteur. Et celui-ci, comme toujours, finit par lui céder en faisant rouler dans la sciure la tête des deux frondeurs.

Marie-France Stirbois dénonce une «coterie formée de quelques personnes qui exerce une influence néfaste sur Jean-Marie Le Pen, une sorte d'État lilliputien qui a réussi à le déconnecter de ses vrais amis et du mouvement». «Marine a été extrêmement violente, sans pitié, se souvient Jean-Claude Martinez. Cette séance a été très pénible alors que cette pauvre Marie-France était déjà rongée par le cancer...» Elle décède six mois plus tard, le 16 avril 2006.

En virant d'un même mouvement Jacques Bompard et Marie-France Stirbois, Jean-Marie Le Pen n'agit pas à la légère. Pour satisfaire les *desiderata* de sa fille, il écarte sans pitié deux personnalités historiques du Front

1. Voir Renaud Dély et Henri Vernet, *Frères ennemis, l'hyperviolence en politique*, *op. cit.*

national. Cofondateur du parti d'extrême droite, Jacques Bompard a pris en charge la fantomatique fédération du Vaucluse avant de la faire prospérer et d'apporter au parti lepéniste une de ses premières victoires retentissantes : la conquête de la municipalité d'Orange en juin 1995. L'exploit fut d'autant plus retentissant qu'il a été renouvelé : constamment et largement réélu depuis, Jacques Bompard incarne le lepénisme municipal enraciné alors que les trois autres communes de plus de 30 000 habitants conquises à la même période, Toulon, Marignane et Vitrolles, ont été rapidement perdues par le FN pour cause d'incompétence et/ou de malversations.

Quant à Marie-France Stirbois, cette ancienne militante nationaliste révolutionnaire, issue du courant solidariste, elle incarne le premier âge du Front national. Avec son époux Jean-Pierre, elle partit à la conquête de la ville de Dreux (Eure-et-Loir) dès la fin des années 1970. Elle fut même la deuxième candidate FN, après Yann Piat l'année précédente dans le Var, à remporter une élection législative au scrutin majoritaire en duel au second tour : c'était à l'automne 1989, et Marie-France Stirbois offrait ainsi au FN, avec la deuxième circonscription d'Eure-et-Loir, son seul siège de députée. Pas suffisant pour attendrir Jean-Marie Le Pen. Pour servir les intérêts, et la carrière de sa fille, le fondateur du FN n'hésite donc pas à faire table rase du passé. Et à liquider des pans entiers de l'histoire de son parti.

Le président du FN ne se contente pas de libérer de l'espace pour sa fille. Il lui permet de faire prospérer son courant en promouvant ses fidèles. Après avoir adoubé Louis Aliot au poste de secrétaire général, il lui laisse les mains libres pour accompagner ainsi la prise de pouvoir de sa compagne, Marine, en changeant de nombreux secrétaires départementaux pour en nommer de nouveaux, fidèles à l'héritière. Il y gagne le délicat surnom de « Loulou la Purge ».

Au passage, Aliot va même éliminer du parti celui qui l'a aussi... précédé dans la vie de Marine Le Pen. L'exécution date du mois de février 2006. Lors d'une réunion du bureau politique, Louis Aliot annonce la destitution du patron de la fédération du Pas-de-Calais, un certain Éric Iorio qui n'est autre que... l'ex-mari de Marine, en instance de divorce. Il propose de le remplacer par Steeve Briois, le bras droit de la même Marine à Hénin-Beaumont, une décision là encore approuvée par Jean-Marie Le Pen. Au FN, le monde est décidément tout petit, et toutes les décisions et nominations tournent désormais autour des souhaits de l'héritière. Carl Lang, ami d'Éric Iorio, prend la parole. Il annonce qu'il s'oppose à la nomination de Briois au motif que celui-ci avait suivi Bruno Mégret quelques années plus tôt, lors de la scission, et qu'il avait milité de façon « particulièrement virulente » contre le FN avant d'être réintégré après la présidentielle de 2002. Lang réclame un vote à main levée. Surprise : les deux tiers des 50 membres du bureau politique le suivent. Le Pen, fou de rage, fait revoter. Nouveau décompte. Et nouvelle majorité pour repousser la décision. Pour la première fois dans l'histoire du Front national, Jean-Marie Le Pen est mis en minorité par les siens. Vexé, il se tourne vers son vieil ami Jean-Pierre Reveau, compagnon de cinquante ans de combat et trésorier du FN, qui a eu l'outrecuidance de voter contre : «Jean-Pierre, puisque c'est comme ça, tu rembourseras tout ce que tu dois à la Cotelec ! », le microparti de Jean-Marie Le Pen. S'opposer au fondateur du FN, c'est prendre le risque de le payer cher, dans tous les sens du terme, tant chez Le Pen, dès qu'un conflit émerge, la sanction financière n'est jamais loin.

Dans le cas présent, comme toujours, Le Pen passe outre les résistances pour imposer sa volonté : il nomme Steeve Briois chargé de mission dans le Pas-de-Calais, façon de lui accorder de fait les rênes de la fédération. De l'art chez les Le Pen de respecter la démocratie interne... La vie frontiste d'Éric Iorio, elle, verse d'un coup dans le pathétique. Le même jour, il est débarqué de toutes ses responsabilités au sein du FN et de son domicile, les dépendances du domaine de Montretout réaménagées en loft où il vivait avec Marine Le Pen, qui obtient le divorce. Deux ans plus tard, lassé, cassé, Éric Iorio finit par envoyer un mail au siège du parti pour signifier sa démission du FN. Il y était entré adolescent. Il y fut, tour à tour, jeune colleur d'affiches, cadre dirigeant en devenir, élu prometteur et mari de la fille du chef. Il a tout perdu en un instant et son passage en Lepénie s'achève dans l'anonymat. Cinq ans plus tard, il n'a plus aucun mandat, milite encore dans le groupusculaire Parti de la France de son ami Carl Lang. Et gagne sa vie en faisant du gardiennage de nuit dans une société de sécurité.

Dans un parti aux allures de secte familiale, les ascensions, boostées par le carburant du népotisme, peuvent être fulgurantes. Plus dures, et plus rapides, sont les chutes quand on est rejeté par le clan.

En 2007, Le Pen raye carrément d'un trait de plume l'existence de la délégation générale détenue par Bruno Gollnisch. L'universitaire lyonnais se retrouve vice-président chargé des affaires internationales, un titre purement honorifique, tandis que Marine Le Pen, elle, accumule les responsabilités en tant que vice-présidente exécutive chargée de l'appareil, des fédérations et des élections. Bruno Gollnisch, toujours stoïque quand il subit les foudres du clan Le Pen, ne bronche pas. « Il y a deux vice-présidents, une vice-présidente exécutive et un vice-président exécuté[1]... », commente Carl Lang.

De brimades en vexations, celui-ci tiendra jusqu'en juin 2008. Marine Le Pen lui annonce alors qu'elle entend conduire la liste du Front national aux européennes dans la grande région Nord-Ouest. Conseiller régional du Nord-Pas-de-Calais depuis 1992, député européen depuis 1994, Lang refuse de se coucher. Jean-Marie Le Pen intervient : il exhorte son fidèle lieutenant à accepter de se présenter en deuxième position sur la liste, derrière sa fille. Lang refuse de nouveau. Il est traduit devant une commission d'investiture composée des seuls amis de Marine Le Pen qui l'évincent de la liste aux européennes. Puis, Carl Lang refuse de déférer à la convocation de Jean-Marie Le Pen et est exclu du parti

1. Entretien avec l'auteur, 18 novembre 2016.

d'extrême droite lorsqu'il présente sa propre liste dissidente aux européennes, en juin 2009.

Place au clan des « gudards »

Au même moment se noue un conflit décisif avec l'imprimeur historique du Front national, Fernand Le Rachinel. Après l'échec cinglant des législatives de juin 2007, où la quasi-totalité des candidats FN n'ont pas atteint la barre des 5 % des suffrages qui ouvre la voie au remboursement par l'État des dépenses de campagne, le parti d'extrême droite a une très lourde ardoise à rembourser, tant auprès de la Société générale que de Fernand Le Rachinel. Faute d'obtenir un prêt bancaire suffisant, le parti a en effet demandé à ce dernier d'emprunter en son nom propre, en gageant l'intégralité de ses biens pour prêter ensuite au même taux d'intérêt au FN. Au total, le prêt de Le Rachinel s'élève à un peu plus de 6 millions d'euros. Mais, après les législatives, privé de remboursement public, le FN se retrouve en situation de banqueroute. Il doit écoper plus de 9 millions d'euros de dettes. Plutôt que de négocier avec ce vieil ami de Jean-Marie Le Pen qui finance le parti et imprime les documents électoraux des candidats frontistes depuis plus de trente ans, Marine Le Pen, qui dirigeait la campagne présidentielle de 2007 et a imposé son autorité sur cette négociation, va se montrer impitoyable. Elle hausse le ton et envoie « deux brutes » de ses amis, selon la formule de Jean-Marie Le Pen : l'avocat ex-« gudard »

Philippe Péninque et son confrère Wallerand de Saint-Just. « Marine était très combative alors qu'on aurait sûrement pu s'entendre avec Fernand, c'est un Normand qui aime l'argent... », se désole Le Pen.

Mais sa fille et l'avocat Philippe Péninque refusent toute discussion et toute conciliation avec l'imprimeur. Ils le menacent, l'intimident et l'exhortent à abandonner la moitié de la créance, soit environ 3 millions d'euros. « Une vraie tentative d'extorsion de fonds de type mafieux », s'indigne Carl Lang, proche de Fernand Le Rachinel. Pour en avoir le cœur net, et convaincre ses lieutenants que le contentieux se réglera favorablement pour le FN, Jean-Marie Le Pen fait auditionner Philippe Péninque par le bureau politique. Sûr de lui, bravache et un rien méprisant, Péninque pérore devant l'aréopage de dirigeants frontistes : « Notre dossier est béton. Nous ne pouvons pas perdre. Le Rachinel a autant de chances de gagner en justice que moi de repartir à la sortie de cette réunion avec Adriana Karembeu », ricane-t-il.

Le numéro exaspère Jean-Pierre Reveau, trésorier du FN et vieux compagnon de Le Pen, qui redoute le pire pour les finances du parti. Il a vu juste. Quelques mois plus tard, la justice donne raison en tout point à Fernand Le Rachinel qui sera remboursé de l'intégralité des sommes que lui devait le FN et qui empochera même 600 000 euros d'intérêts de retard.

Pour renflouer le parti, Le Pen se résout donc à licencier une centaine de permanents et surtout à vendre le « Paquebot », le bâtiment massif dans lequel siège le FN à Saint-Cloud.

À l'époque, si Marine Le Pen pousse ainsi à la rupture avec Fernand Le Rachinel, c'est qu'elle a ses propres amis à satisfaire, son clan, auquel elle entend confier la réalisation du matériel de campagne des candidats FN. « À mes amis, elle voulait substituer ses copains », soupire Le Pen, incapable de dire pourquoi il l'a laissée faire. En l'occurrence, l'heureux élu s'appelle Frédéric Chatillon, incontournable ami de vingt-cinq ans de Marine, ex-« gudard » rencontré sur les bancs de la faculté d'Assas à la fin des années 1980, devenu prestataire de services pour campagnes électorales à la tête de son entreprise Riwal. C'est la surfacturation de plusieurs centaines de kits de campagne imposés aux candidats frontistes lors des législatives de 2012 puis des cantonales de 2014 qui lui vaut d'être mis en examen pour détournement de fonds publics.

La tour du chef et le fou du roi

Exécuté avec d'autres, Carl Lang fait figure de symbole parmi tous ceux que le père a éliminés pour satisfaire les caprices de sa fille. Car, s'il est un militant de la première heure, fidèle d'entre les fidèles du fondateur du FN, qui aurait pu se faire tuer pour celui qu'il appelait « Président » avec déférence, c'est bien ce grand échalas dégarni, au crâne aussi inquiétant que son sourire est doux et sa voix apaisante.

Entré au FN en mai 1978, Carl Lang fut pendant trois décennies le soldat le plus loyal de l'armée du lepénisme. À chaque coup dur, à chaque trahison, à chaque rébellion, il était là, serrant les rangs autour du chef bien-aimé pour l'aider à surmonter les obstacles. Carl Lang est monté en première ligne pour le défendre contre les assauts mégrétistes lors de la scission de fin 1998, et il en parle encore avec fierté, des trémolos dans la voix. Il lui a sauvé la mise trois ans plus tard, lorsque, n'ayant pas les signatures de maires suffisantes, Le Pen a failli ne pas pouvoir concourir à la présidentielle de 2002 et donc accéder à ce second tour de la présidentielle qui fut le couronnement de sa carrière. À l'époque, c'est même lui qui l'a convaincu de réintégrer une poignée d'élus mégrétistes qui allaient devenir de farouches maristes, comme le conseiller régional du Nord-Pas-de-Calais et futur maire d'Hénin-Beaumont Steeve Briois, parce qu'il disposait de parrainages précieux pour faire valider la candidature présidentielle de Le Pen.

Et voilà donc Lang écarté d'un revers de main au bout de trente et un ans de loyaux services pour laisser le champ libre à l'héritière. Aujourd'hui, il dirige tant bien que mal sa petite boutique, le Parti de la France, frêle chaloupe d'extrême droite orthodoxe qui sert d'arche de Noé aux évincés du marinisme et collectionne les scores groupusculaires lors des rares scrutins où elle parvient à présenter des candidats. Faute de mandat et de revenus, Carl Lang, 59 ans, a repris son activité de kinésithérapeute à mi-temps, en banlieue parisienne. Il consulte le matin, de 8 heures à 14 heures. «Jean-Marie Le Pen a purgé les opposants à sa fille les uns après les autres, se désole-t-il. Il a lui-même creusé le trou dans lequel elle a fini par le jeter. »

Sur l'échiquier du lepénisme, Carl Lang a longtemps fait figure de tour de garde pour protéger jour et nuit son grand homme. Jean-Claude Martinez, lui, c'était le fou du roi. Le trublion, imprévisible, imaginatif, iconoclaste, capable de convaincre son « Jean-Marie » qu'il faut supprimer l'impôt sur le revenu car « Dieu n'aime pas l'impôt ! ». Lui aussi a été sacrifié sur l'autel de l'ascension de Marine Le Pen. Et plus précisément pour propulser « M. Gendre », un de plus, en l'occurrence Louis Aliot, vice-président du parti et compagnon de Marine. Député européen depuis vingt ans, Jean-Claude Martinez est un beau jour sommé par Marine Le Pen de céder la tête de liste dans la grande région Sud-Ouest à son compagnon lors du scrutin de 2009. « C'est comme si, à la veille de la bataille d'Austerlitz, Napoléon avait nommé la Madelon comme chef d'état-major », s'indigne le fantasque universitaire. Jean-Marie Le Pen intervient. Il invite à dîner son vieil ami, son « gros lapin » dont les compétences fiscales l'ont toujours soufflé et dont les saillies délirantes le font rire aux éclats. Ce soir-là, à la table de la villa de Rueil-Malmaison, le vin coule à flots. « M'enfin, Jean-Marie, tu ne vas quand même pas sacrifier Jean-Claude pour l'amant de ta fille ? », demande Jany, toujours un rien peau de vache avec sa belle-fille.

Le Pen moque l'accent languedocien de ce « Loulou » qu'il méprise. La tablée s'esclaffe. Mais le vieux chef ne veut pas fâcher sa fille. Il propose donc à « Jean-Claude » de concourir ailleurs, à Paris ou dans le Massif central.

Rien n'y fait, Martinez ne veut pas céder. Il présente sa propre liste dissidente qui recueille à peine 0,92 % des voix. Et claque la porte du FN. « Mon gros lapin, tu me fais de la peine... », soupire le vieux chef lors de leur dernière entrevue. « Au revoir, Jean-Marie, répond Martinez. Et surtout, fais attention, méfie-toi de ta fille ! »

Le dauphin de la farce et la retraite de Popeye

Christian et Myriam Baeckeroot, Martine Lehideux, la chef de file des catholiques traditionalistes, Bernard Antony, ou encore l'imprimeur Fernand Le Rachinel, ils sont nombreux, les « purgés de Marine » qui ont été priés de déguerpir. Avec quelques années de recul, Jean-Marie Le Pen regrette désormais certains départs, comme celui de son vieil ami Jean-Claude Martinez. Mais il ne parvient pas à accabler sa fille. « Jean-Claude est un élu brillant, disert, mais un farfelu totalement irresponsable du point de vue de l'organisation, je ne pouvais pas lui donner raison... », soupire le vieil homme presque à regret. Et si c'était aussi faute d'adversaires solides, de concurrents compétents, bref, faute de combattants que Marine Le Pen avait réussi à s'imposer ? Bruno Gollnisch, son principal rival, a eu beau faire des moulinets pendant des années, il ne l'a jamais vraiment inquiétée. Et il a fini par se coucher à son tour devant l'héritière.

Jusqu'au bout, ou presque, l'universitaire lyonnais a même cru qu'il serait adoubé comme successeur par Jean-Marie Le Pen. La naïveté et la passivité du dévoué délégué général ont désespéré jusque chez ses derniers soutiens qui l'ont tous, ou presque, abandonné avant l'assaut final. « Bruno a tout subi, tout avalé, tout enduré, c'est dingue, une telle zénitude... », s'amuse Carl Lang. Ce brave Gollnisch y croyait toutefois, lui qui était tellement fier d'avoir arraché de la bouche du président deux mentions honorifiques que Bruno Mégret n'avait, lui, jamais eu l'honneur d'obtenir. Coup sur coup, et quoiqu'il fasse mine aujourd'hui de ne plus s'en souvenir, Jean-Marie Le Pen avait en effet qualifié publiquement Bruno Gollnisch de « numéro deux » du FN, avant de lui attribuer carrément le statut de « dauphin ». Au Panthéon des gratifications lexicales du lepénisme, la récompense était telle que Gollnisch s'est forcé à oublier que, quelques mois plus tard, agacé que la presse cherche à lui faire dire qu'il s'apprêtait à confier son sceptre à son fidèle second, Jean-Marie Le Pen avait lancé une phrase assassine qui en disait long, très long, sur son état d'esprit et sur ses véritables intentions : « Le destin des dauphins, c'est de s'échouer... » Dès son ultime campagne présidentielle de 2007, et même dès 2003, c'est-à-dire lorsqu'il prend conscience des aptitudes, et surtout des véritables ambitions de sa benjamine, Jean-Marie Le Pen se résout à tout faire pour lui offrir un jour sa succession. Encore faut-il, pour y parvenir sans encombre, ménager l'ego de ce pauvre Bruno Gollnisch. « Jusqu'à la fin, il a cru fermement à ses chances, s'amuse Jean-Marie Le Pen quelques années plus tard. Il croyait être élu et me l'a encore confirmé il y a peu... » Pour le fondateur du FN, pourtant, le choix ne faisait pas de doute. Après avoir affiché une neutralité de façade durant de longs mois pour acheter la paix de Gollnsich et de ses partisans, Le Pen s'est rangé sans nuance derrière la candidature de sa fille à l'automne 2010. Et il a annoncé sans ménagement à Bruno Gollnisch qu'il le lâchait. Le Pen raconte la scène de la séparation : «Je lui ai dit : “Bruno, quel âge as-tu ?” Il m'a dit : “60.” Je lui ai dit : “Non, Bruno, tu as 70 ans !” Il m'a dit : “Mais pourquoi tu me dis ça ?” Je lui ai dit : “Parce que tu as subi un quadruple pontage coronarien et, dans tous les documents d'assurance, ce genre d'opération pèse pour dix ans. Deuxièmement, la société politique moderne est favorable aux femmes, c'est la mode. Et troisièmement, Marine a un atout que tu n'as pas, elle s'appelle “Le Pen”. Elle a la marque. Si le cognac “Martel” veut lancer un nouveau cognac “Pitru”, peut-être dans vingt ans l'imposera-t-il sur le marché. Mais il faudra vingt ans...”. » Ainsi Jean-Marie Le Pen, qui avait à l'époque 82 ans, a-t-il annoncé en 2010 à son cadet de vingt-deux ans, qui le défendait contre vents et marée depuis quatre décennies, qu'il le lâchait parce qu'il était trop vieux... Et surtout parce qu'il était mal né... Ainsi va la vie, et ainsi se décident les successions, au royaume de Jean-Marie Le Pen. Marine, parce qu'elle est sa fille, avait tous les droits, tous les espoirs et donc tous les soutiens, à commencer par celui, essentiel, décisif, indépassable, du chef du clan.

«Popeye», lui, est celui qui a tenu le plus longtemps. Des compagnons historiques du lepénisme, il est resté jusqu'au bout. Jusqu'à ce que Jean-Marie cède très officiellement le manche à sa fille Marine. Le soir du 15 janvier 2011, lors du congrès de Tours du FN, quelques minutes après que la fille Le Pen a officiellement hérité du titre de «présidente du Front national», Roger Holeindre, 82 ans, est allé voir son vieux compagnon de route, et de déroute : «Jean-Marie, j'me barre! Je t'avais prévenu, c'est plus possible ! — M'enfin, Roger, il faut vivre avec son temps... répond Le Pen. — Mais c'est pas mon temps!» Une femme propulsée à la tête d'un parti d'extrême droite, une brochette de dirigeants homosexuels pour la soutenir, c'en était trop, beaucoup trop, pour le vieux baroudeur Roger Holeindre, l'ancien para rescapé d'Indochine, l'ex-OAS revenu d'Algérie.

Pour protéger sa fille, pendant près de dix ans, Jean-Marie Le Pen n'a pas hésité à éliminer ses fidèles. Il a donc perdu un à un ses amis. Et puis il a perdu sa fille...

3

Gare au gourou !

Il est l'homme qui est tombé à pic. Un jour de 2009, Marine Le Pen a fait la connaissance de Florian Philippot. C'était le 13 mai précisément, lors d'un dîner organisé chez le député européen souverainiste Paul-Marie Coûteaux, rue du Vieux-Colombier, dans le VIe arrondissement. Rive gauche, au cœur de ce Paris « bobo », et même bourgeois tout court, qui fait l'exécration des discours officiels du Front national. En plein Saint-Germain-des-Prés, fief de « l'intelligentsia gaucho-libertaire » vilipendée par l'extrême droite... et de Florian Philippot qui y vit et y reçoit, à son aise, en terrasse du Bonaparte et de quelques autres cafés prestigieux du quartier.

Ce soir-là, donc, à table, partageant un sauté de veau et une, et même plusieurs bouteilles de pommard, Marine Le Pen tombe en pâmoison devant ce jeune homme de 28 ans qui a achevé quelques semaines plus tôt sa scolarité à l'ENA où il a terminé en trente-quatrième position de sa promotion (Willy-Brandt). Ces agapes suivaient une première brève rencontre dans un café du XVIe arrondissement, au sortir d'une émission de radio de Marine Le Pen. Mais, après ces préliminaires, ce soir-là, c'est donc l'heure du coup de foudre. Et il est réciproque. Les deux convives parlent de l'État, de l'Europe, du souverainisme, de Jean-Pierre Chevènement, de l'état de la droite, de l'avenir du Front national, et ils sont d'accord sur tout... L'union se scelle sous le regard enamouré de Paul-Marie Coûteaux, comblé de présider cette émouvante rencontre. Florian Philippot fait sa déclaration à Marine Le Pen : « J'admire ce que vous faites, j'aimerais vous être utile. » Les pommettes du jeune homme rosissent un peu.

L'irruption des frères Philippot

Rarissime marque d'émotion chez cet individu qui en affiche si peu, une impassibilité qui lui a longtemps valu de la part de ses condisciples le surnom de « Poker Face ». Le jeune Philippot est alors haut fonctionnaire à l'Inspection générale de l'administration (IGA). Il y côtoie un certain Jean-Yves Le Gallou, ancien dirigeant du Front national et ex-lieutenant de Bruno Mégret. Formaté par le Club de l'Horloge, Le Gallou a quitté le FN lors de la scission du mois de décembre 1998. Il est surtout le théoricien de la « préférence nationale », ce précepte idéologique radical qui fait la spécificité du Front national en prétendant réserver aux seuls Français emplois, logements et aides sociales. Le Gallou n'est pas du genre à se fendre de génuflexions devant l'autel de la République laïque, et encore moins gaullienne. Cela n'empêche pas Florian Philippot d'entretenir avec lui d'excellentes relations.

Ce soir du printemps 2009, le jeune homme n'est pas venu seul chez Paul-Marie Coûteaux. Il est accompagné de son frère Damien, de quatre ans son aîné, qui travaille à l'institut de sondage Ifop. Les deux frères sont toujours soudés, toujours d'accord. Leur complicité de chaque instant est stupéfiante. Résultat, c'est ensemble que, à l'issue du repas, ils décident de se mettre au service de l'avènement du marinisme. Pour Marine Le Pen, c'est bingo ! Un énarque et un sondeur, en l'espace d'une soirée, elle récolte deux pièces maîtresses pour poser, enfin, les fondations d'un futur parti de gouvernement capable de gérer les affaires du pays.

Femme sous influences plutôt que femme d'influence, Marine Le Pen est alors en mal de gourou. Son beau-frère, Philippe Olivier, époux de l'aînée, Marie-Caroline, est entre deux allers-retours. Conseiller politique aussi subtil que tempétueux, partisan d'une union des droites dans laquelle il croit percevoir l'avenir du Front national, il passe son temps à claquer la porte du parti d'extrême droite quand il s'y estime négligé, avant d'y revenir dès qu'il a fait le tour d'expériences électorales marginales dans le sillage de Nicolas Dupont-Aignan ou Philippe de Villiers. Le polémiste antisémite Alain Soral a, lui, déjà rebroussé chemin après s'être rendu insupportable aux yeux d'une Marine Le Pen pourtant tombée un temps sous sa coupe.

Bref, toujours en quête d'un logiciel en état de marche, la benjamine des filles Le Pen ne sait plus trop quoi penser. Florian Philippot, c'est le mentor qui arrive à point nommé. C'est un don du ciel. Ou plutôt de l'ENA. Le jeune Rastignac va commencer par lui donner un coup de main durant les dernières semaines de la campagne des européennes de 2009. Chez lui, le soir, tout seul, en son domicile de Saint-Germain-des-Prés, il relit, corrige, peaufine et enrichit les discours de l'héritière. L'examen de passage est réussi. Son travail séduit aussitôt Marine Le Pen. Dès lors, l'influence de l'ambitieux ne va cesser de croître. En fait, ce sont les courbes de Florian qui affolent Marine. Non pas les courbes d'un physique, plutôt banal, celles d'un brun à la mine sage, au regard triste et aux joues pleines, mais plutôt les courbes de cette tripotée d'études d'opinion qu'il trimballe dans cette sacoche marron qui ne le quitte pas. Car les courbes de sondages, c'est son truc, à Philippot. Il y croit comme d'autres croient en Dieu, en l'astrologie, ou dans les mérites tout aussi improbables du trèfle à quatre feuilles. C'est même une affaire de famille puisque Damien émarge depuis déjà six ans à l'institut Ifop, on l'a dit. Il y mène une belle carrière qui le conduira au poste de directeur adjoint chargé du département « Opinion » jusqu'à sa démission en novembre 2016, pour rejoindre officiellement l'équipe de campagne présidentielle de Marine Le Pen. Avant d'assumer enfin publiquement son lepénisme, Damien Philippot aura œuvré dans l'ombre pour la présidente du Front national durant... sept ans. Un septennat entier dans l'ombre, au service de l'héritière. Tout le monde n'a pas la chance de jouir du statut de haut fonctionnaire... Florian, lui, peut envisager de se recaser aisément s'il décidait de mettre un terme à son escapade en politique. Salarié dans le privé, Damien n'a pas ce luxe. Il s'est donc efforcé de préserver le plus longtemps possible sa carrière avant de se résoudre à faire un choix quand la dissimulation était devenue impossible.

Qu'elle ait duré deux ans pour le benjamin, sept années pour l'aîné, la clandestinité est bel et bien un atavisme familial, Florian ne dévoilant son lepénisme qu'en 2011 en adhérant officiellement au Front national à l'orée de la première campagne présidentielle de son héroïne. Chez les Philippot, on ne compte pas, certes, mais on se cache.

Aussi mutiques et discrets l'un que l'autre, les deux frères se ressemblent. Ils ne se quittent pas d'une semelle, réfléchissent ensemble, pondent des notes ensemble et rendent visite à Marine Le Pen toujours ensemble. Ils la retrouvent parfois, rarement, dans son bureau du « Carré », à Nanterre, plutôt en fin de journée lorsque les bureaux sont déserts, ou presque. Plus souvent, ils se rendent, toujours ensemble, en pèlerinage sur la colline de Saint-Cloud pour retrouver la future patronne du FN à son domicile, ce vaste appartement clair et moderne qu'elle a fait aménager au-dessus des écuries, dans le jardin de la propriété de son père. L'endroit n'a rien de clinquant. C'est un appartement en enfilade, d'une centaine de mètres carrés, mansardé, bâti selon un faux air de longère normande. Là, les deux frères Philippot s'installent sur un des canapés fatigués du salon et, durant des soirées entières, les trois compères refont le monde politique et, surtout, celui du FN. Car jamais Marine Le Pen ne propose à son géniteur, dont les bureaux sont pourtant situés à quelques mètres, juste de l'autre côté du jardin, de se joindre à ces discrets conclaves. Jean-Marie Le Pen fait mine de s'en étonner : « C'est curieux, mais jamais Marine ne m'a présenté les frères Philippot. Elle habitait à côté de chez moi, et avec eux, elle ne m'a jamais dit, comme elle l'a fait avec d'autres : "Tiens, papa, je reçois des jeunes sympas, viens donc prendre un verre[1]...". »

Un intrus nommé Florian

Le fondateur du FN y voit la preuve d'un complot ourdi de longue date. Il assure même que c'est Claude Guéant, alors ministre de l'Intérieur de Nicolas Sarkozy, qui aurait envoyé Philippe en mission au cœur du FN « comme "chouffe" » dit-il, pour surveiller la vie interne du parti. « Ce jeune haut fonctionnaire vient du ministère de l'Intérieur. Il a été placé là pour nuire au Front national en changeant l'axe politique du mouvement pour le gauchir », insiste Le Pen.

Le vieil homme continue son roman. Une fois introduit à l'intérieur du parti d'extrême droite, Philippot a « pris conscience de la médiocrité du milieu, et il s'est

1. Entretien avec l'auteur, 9 novembre 2016.

dit : “J’ai peut-être quelque chose à faire”, il a pris ses marques et, comme il est le seul à rédiger des communiqués, il s’est imposé », raconte Jean-Marie Le Pen qui ajoute : « Ma fille s’est laissé influencer par lui par paresse, c’est tout... »

Florian Philippot, agent infiltré au sein du FN ? Ce jeune homme passe-muraille, et même passe-partout, serait-il un produit de l’entrisme, un peu comme Lionel Jospin, envoyé par Pierre Boussel au Parti socialiste dans les années 1970, qui se prit au jeu au point d’en devenir le premier secrétaire en 1981 ? Bien que romanesque, l’hypothèse n’a aucune consistance. Elle ne relève que de l’imagination loufoque du fondateur du FN. Toutefois, par-delà les élucubrations du vieil homme et ses éternels penchants conspirationnistes, c’est aussi le goût de la clandestinité des frères Philippot, leur propension au double jeu et à la dissimulation qui alimentent ce genre de fantasmes.

Le gaullisme, cet étendard brandi haut et fort par Florian Philippot qui collectionne les processions à Colombey-les-Deux-Églises et s’est targué, dès son entrée au FN, de ne « jamais » avoir voté pour Jean-Marie Le Pen, a renforcé le poids de la suspicion. Persuadé d’avoir affaire à un agent gaulliste destiné à l’éliminer, Jean-Marie Le Pen a choisi, dans une ultime provocation, de lui offrir le luxueux coffret d’une douzaine de disques à la gloire du général de Gaulle édités par sa maison d’édition, la SERP. Un présent moins sulfureux que cette fameuse anthologie de chants du Troisième

Reich qui a fait la notoriété sulfureuse de sa petite entreprise...

Alors, cet ambitieux jeune homme serait-il un espion ? Bien sûr que non. L'ascension de « Philippot Ier », le surnom que lui ont collé certains de ses nombreux détracteurs au sein de parti, la prise du pouvoir de l'homme qui contrôle désormais le cerveau, et l'image, de Marine Le Pen relèvent d'un mélange de hasard et de nécessité. Tous deux communient en chœur autour d'une même idée, l'idée de rendre à la France sa souveraineté diaboliquement dérobée par la méchante fée bruxelloise.

Fils d'un directeur d'école et d'une institutrice, Florian Philippot est élève en terminale à l'Institut libre catholique, le prestigieux établissement privé de Marcq-en-Barœul, la commune chic de la banlieue lilloise où réside sa famille, quand il assiste à son premier meeting politique. Il s'en va applaudir le tandem Pasqua-Villiers qui fait cause commune contre l'Europe. En juin 1999, le jeune homme n'a pas encore 18 ans et ne peut voter aux élections européennes.

Trois ans plus tard, en revanche, il est devenu adulte lorsque, étudiant à HEC, il succombe aux accents souverainistes de la campagne présidentielle de Jean-Pierre Chevènement. L'ancien ministre de l'Intérieur renvoie dos à dos « Chirospin », il promet de « faire turbuler le système » et cherche à rassembler « les républicains des deux rives ». Philippot lance une association qui ne recueille qu'un maigre succès d'estime, « HEC avec le Che », et tracte un peu pour défendre la candidature de l'élu de Belfort. Le 21 avril 2002, il vote Chevènement et s'invite même au QG du candidat, ce dont personne ne se souvient. L'échec est rude. Après avoir été estimé autour de 15 % dans les sondages, l'ex-« troisième homme » dégringole à 5 % et restera dans l'imaginaire de la gauche lesté de la réputation du « traître » qui a empêché Lionel Jospin d'accéder au second tour. L'accusation est à la fois excessive et injuste. Il n'empêche que l'aventure Chevènement s'achève en eau de boudin. Après coup, Florian Philippot aura tendance à magnifier son rôle dans cette tentative, avortée, de dépasser le clivage droite-gauche. Dans l'écurie du « Che », le passage du jeune homme n'a laissé aucune trace.

Au second tour, le 5 mai 2002, pas question pour Philippot de choisir Jean-Marie Le Pen. Il vote blanc. La même année, le jeune homme commence toutefois à disserter sur les méfaits de la monnaie unique, cet euro entré en circulation au 1er janvier 2002 et dont il annonce, déjà, la fin prochaine. Aussi improbable que cela paraisse, à 21 ans, Florian Philippot est déjà un nostalgique... du franc dont il pleure la disparition.

Philippot, ce lepéniste honteux

C'est au début de l'année 2005 que le jeune homme, alors âgé de 23 ans, commence à être attiré par Marine Le Pen. Le pays se déchire autour du référendum sur le traité constitutionnel européen. Un soir qu'il veille devant sa télé, l'étudiant, qui est à cette époque à HEC, découvre la fille Le Pen. Aux côtés du leader du NPA,

Olivier Besancenot, l'héritière frontiste vitupère contre le projet de Constitution européenne face à un tandem PS-UMP qui défend le « oui ». « Votre Constitution du fric, on n'en veut pas ! », lance la fille Le Pen en multipliant les grands gestes. Pour Philippot, sa prestation agit comme une révélation. Le clivage gauche-droite n'a plus de sens, ce qui compte désormais, c'est l'opposition entre les « patriotes » et les « mondialistes », les « nationaux » et les « européistes » ! Rien d'autre...

Souverainiste et fier de l'être, Florian Philippot va toutefois commencer par être un mariniste honteux, en tout cas occulte. Deux années durant, de 2009 à 2011, il exerce le jour sa mission de haut fonctionnaire de l'Inspection générale de l'administration au service de cet État « décadent » et « mondialiste » qu'il exècre, et le soir, il rédige des notes pour la fille Le Pen lancée à la conquête du parti de son père.

Il alimente sous pseudo un blog intitulé « Le vrai débat », dans lequel il décrit tous les changements qu'il convient d'apporter au Front national pour lui permettre d'accéder, un jour, au pouvoir. Il y incite Marine Le Pen à adopter une ligne de défense de l'État, des fonctionnaires et de la dépense publique. À la demande de la benjamine des filles Le Pen, il fait une première apparition devant la presse pour exposer les bribes d'un programme économique. Le projet est encore balbutiant, l'orateur hésitant, mais l'exercice est plutôt réussi : Florian Philippot refuse toutefois toujours de se dévoiler. La présidente du FN se contente de le présenter comme un haut fonctionnaire du nom d'« Adrien ». L'énarque ne finit par abandonner ce « pseudo » qu'à l'automne 2011, en intégrant le staff de la candidate frontiste lancée, pour la première fois, à l'assaut de l'Élysée. Lorsqu'il déboule ainsi au grand jour, Philippot fait figure d'intrus, presque de bête curieuse au sein du parti d'extrême droite. Les cadres efficaces sont peu nombreux, les diplômés rarissimes, les énarques inexistants. Florian Philippot a tôt fait de s'imposer par son efficacité. « Il est inodore, incolore et sans saveur, mais c'est un professionnel, un énarque[1] », reconnaît Jean-Marie Le Pen.

Au sein du parti, il devient vite l'homme des fiches, et des chiffres.

Jeune homme pressé, il engloutit la stratégie, la communication, les argumentaires et bientôt le projet pour 2017. Surtout, Philippot gagne l'oreille de la patronne. Il la cajole, la conseille, la rassure. Toujours inquiète, angoissée, redoutant d'être prise en défaut, Marine Le Pen se sait légère sur nombre de dossiers économiques. Son incompétence avait sauté aux yeux des téléspectateurs lors d'une interview sur Canal Plus durant la campagne de 2012, où la journaliste Anne-Sophie Lapix, à force de questions précises et documentées, l'avait poussée dans ses retranchements.

Le jeune énarque se rend tellement incontournable que Marine Le Pen, fascinée par les mérites de sa recrue, tombe sous sa coupe. Elle verse rapidement dans une spectaculaire « Philippot-dépendance » qui fait jaser dans son dos, dans les couloirs du siège du parti.

1. Entretien avec l'auteur, 9 novembre 2016.

Au printemps 2013, c'est lui qui la convainc de se tenir à l'écart des défilés massifs de la « Manif pour tous » hostiles au mariage homosexuel, quitte à déclencher les foudres de nombreux cadres frontistes et même de certains membres du clan Le Pen. L'aînée des trois filles, Marie-Caroline, reproche à sa cadette sa désertion sur ce terrain tandis que la nièce Marion Maréchal-Le Pen s'en va faire prospérer sa popularité naissante en tête de ces cortèges ultra-réacs. La députée du Vaucluse s'empare du talisman délaissé de l'orthodoxie et cultive le sens de la « camaraderie militante » en soutenant tous les militants frontistes qui descendent sur le pavé et désavouent sa tante. À la tribune de l'Assemblée nationale, Marion Maréchal-Le Pen va jusqu'à plaider la cause des « prisonniers politiques » du « régime socialiste », en l'occurrence le cas d'une poignée d'extrémistes excités retenus quelques heures en garde à vue pour diverses exactions. Cette sortie exaspère Marine Le Pen tout à sa quête de respectabilité. « À cause de Philippot », Marine a raté l'occasion de prendre la tête d'un mouvement de plusieurs centaines de milliers de personnes », fulmine un dirigeant frontiste. « Marine aurait été la reine », soupire Le Pen. Rien n'y a fait, la présidente du FN ne s'est pas laissé fléchir. Elle s'est rangée, sans hésiter, à l'avis de son omniprésent second.

Marine, la junkie des sondages

Entre elle et lui, c'est une complicité de tous les instants, c'est fusionnel. « Spontanément, on fait les mêmes analyses. On peut s'en rendre compte par un regard, ce qui peut être pratique dans certaines réunions », confesse le vice-président du FN.

C'est surtout en l'abreuvant de sondages que le jeune homme va se rendre indispensable à sa supérieure. Pour Marine Le Pen, Florian Philippot devient un véritable dealer, un dealer d'enquêtes d'opinion. Et sa cliente est toujours plus dépendante... Marine Le Pen est droguée aux enquêtes d'opinion, une vraie junkie des sondages.

Outre l'expérience professionnelle de son frère aîné, le jeune Florian cultive de longue date un intérêt personnel pour ce commerce-là, en particulier depuis un stage effectué à la Sofres durant sa scolarité à HEC. Il y a appris à constituer des panels, à préparer les soirées électorales dans les médias, et surtout à analyser le moindre tressaillement de l'opinion publique sur n'importe quel sujet, politique bien sûr, mais aussi économique, sociétal, culturel... ou sportif. Sur le campus de Jouy-en-Josas, le jeune Philippot s'appuyait sur l'association HEC Sondages pour lancer des questionnaires auprès de ses condisciples. Hors de l'école, il conduit lui-même des enquêtes free lance un peu partout en France pour contribuer à payer ses études. Matin, midi et soir, il questionne, interroge, jauge et juge, bref, il sonde, c'est sa vie.

La preuve que « l'instinct » n'est pas tout. Il faut un peu aussi de rationalisme.

Et c'est donc cette passion qu'il apporte et qu'il instille spontanément au FN. Au sein du parti, ce changement de culture exaspère assez tôt nombre d'anciens. Le poids pris par les enquêtes d'opinion depuis l'ascension de Marine Le Pen, et plus encore depuis que Florian Philippot s'est arrogé les pleins pouvoirs, bouscule les habitudes. De quoi irriter au plus haut point les historiques qui ont survécu aux purges successives. « Jusque-là, le Front se foutait des sondages et des médias pour imposer ses idées, s'insurge l'un d'eux. Regarder les sondages pour savoir ce que l'on doit penser, c'est abandonner le volontarisme politique, c'est trahir le FN ! » Les sondages, Jean-Marie Le Pen s'en fichait comme de son premier « point de détail »... Il les écartait d'un revers de main, moquait les charlatans qui agitaient leurs éprouvettes sous son nez et n'en tenait nullement compte. Au moment de prendre une décision importante, le patriarche se contentait de se conformer à son instinct érigé en boussole légendaire, quand bien même celui-ci le conduisait à commettre de gravissimes impairs lourds de conséquences pour sa destinée politique...

Avec Marine Le Pen, changement d'époque, presque de parti, son fidèle second l'alerte à chaque changement notable des humeurs de l'opinion. Il s'inquiète des provocations, dérapages et polémiques susceptibles de nuire à son image rassembleuse. Ainsi s'est-il par exemple affolé, en 2012, des répercussions de la sortie de Marine Le Pen sur les prières de rue comparées à l'occupation allemande pendant la Seconde Guerre mondiale ou de sa participation, la même année, à un bal organisé par l'extrême droite autrichienne à Vienne. Le parti bruit de moqueries à l'endroit de cette « c... molle » de Philippot, accusé de couardise répétée pour sa propension à s'inquiéter du contrecoup des gros titres de la presse. Quoi qu'il en soit, c'est à lui que le marinisme a accordé la place la plus éminente, celle de conseiller le plus influent, celui qui a initié sa patronne à ses méthodes de « pro ».

C'est justement cette boulimie de sondages imposée par Philippot à Marine Le Pen qui est à l'origine de la diète médiatique à laquelle s'est astreinte la présidente du Front national tout au long de l'année 2016. Au sortir d'une longue séquence d'hystérie médiatico-politique qui avait conduit à sa défaite au second tour des régionales en Nord Pas-de-Calais-Picardie, alors qu'elle disposait d'une quinzaine de points d'avance au premier tour, Florian Philippot l'a mise en garde. Son omniprésence sur les plateaux, sa propension à plonger la tête la première dans la polémique, son goût pour l'affrontement et les échanges musclés avec ses adversaires, tout cet arsenal nuisait à l'affirmation d'une stature présidentielle.

De la réserve, de l'effacement, de l'apaisement, bref, du silence, telle fut la potion concoctée par le docteur Philippot et sagement ingurgitée par la présidente du FN durant ces quelques mois. Marine Le Pen a dû forcer sa nature. Mais elle a relevé le défi.

C'est d'ailleurs un signe supplémentaire montrant qu'il suffit que le vice-président du parti émette un

Jusqu'à quand ? (20/04/2017)

conseil, un avis, une recommandation pour que Marine Le Pen s'y plie sans barguigner. « Son intimité avec Marine est hallucinante », se réjouit un des amis du gourou. Une influence telle que Philippot a été gratifié d'un nouveau surnom, le « Banier de Marine », qualificatif illustrant sa propension à coller aux attentes de la présidente du FN pour mieux la flatter dans l'espoir de décrocher quelque avantage de sa part.

Naissance du Front télévisuel

Épié, jalousé et même soupçonné de vouloir détourner le chiffre d'affaires de la PME frontiste à son profit, Philippot a donc gouroutisé Marine Le Pen. Au point de la convaincre de se débarrasser de son père une fois pour toutes. Là encore, son argument était indépassable : tourner la page Le Pen, couper cette branche morte, « enterrer le vieux », comme il dit, c'était bon pour l'image ! Une telle décision, douloureuse mais historique, c'était un succès médiatique immédiat doublé, à terme, d'un triomphe politique garanti. Or, pour Marine Le Pen, Florian Philippot, c'est l'homme des chiffres, certes, mais aussi celui des photos, de l'image, de l'apparence. C'est surtout une porte d'entrée permanente sur les ondes.

Drogué aux micros, le jeune homme court les chaînes « tout info » du matin au soir. Il y a même gagné deux années de suite, en 2015 puis 2016, la palme honorifique mais significative de personnalité politique la plus invitée dans les matinales télé et radio. Cette omniprésence lui vaut elle aussi nombre d'inimitiés et de jalousies en interne. Elle a conduit Marion Maréchal-Le Pen à déclarer publiquement que la ligne du Front national ne se définissait pas sur le plateau de BFM TV. Mais cet adoubement cathodique est aussi l'assurance vie de Florian Philippot auprès d'une Marine Le Pen si soucieuse de son image. «Je passe à la télé, donc j'existe», telle est la doctrine du philippotisme. Tel est le sésame, cartésien jusqu'au bout du micro, qui l'autorise à rester en cour chez la présidente du FN. Car les médias, c'est comme pour la politique, Marine Le Pen est tombée dedans toute petite. Elle les a connus pourchassant son père lors des innombrables scandales qui ont parsemé sa carrière. Et elle a vite compris qu'elle devait les retourner à son avantage si elle voulait prétendre incarner l'avenir du Front national. Aussi, à peine entrée dans l'arène politique, Marine Le Pen a décidé de faire des médias, et plus particulièrement de la télévision, un marchepied de sa conquête du pouvoir, en interne d'abord, dans le pays ensuite.

«Dès les années 2003-2004, Marine Le Pen est devenue un produit médiatique avant même de devenir un produit politique», rappelle Carl Lang. Lors de sa campagne pour les régionales de mars 2004, elle est suivie sur les marchés d'Île-de-France par une batterie de caméras. La jeune femme n'a pourtant encore rien prouvé, rien gagné. On la connaît à peine, on la découvre tout juste. Mais elle intrigue, elle attire, elle intéresse. Deux ans plus tôt, son père a atteint le second tour de la présidentielle.

La succession est désormais ouverte, et les médias, qui aiment le neuf, voient surgir sur scène une héritière qui ressemble en tout point à son géniteur. Au moment où le numéro de Le Pen père, ringardisé par l'ascension de Nicolas Sarkozy, commence à lasser l'audience, les télés sautent sur l'occasion. Ce nouvel épisode de la saga Le Pen apparaît comme une aubaine pour mettre en scène de belles images et relancer l'Audimat. « Jean-Marie Le Pen a fait sa carrière politique en traversant un champ de mines médiatique, Marine Le Pen mène sa carrière politique sur un tapis rouge médiatique. L'un s'est construit sans ou contre les médias, et l'autre grâce aux médias[1] », analyse Carl Lang.

Ce changement de paradigme n'est pas pour rien dans l'affrontement qui se met en place à l'époque entre le père et la fille. Le premier peine à comprendre que sa progéniture ne perpétue pas le climat de tension permanente, et même de franche hostilité, qui gouverne ses relations avec les journalistes. Lui n'a jamais craint de les bousculer, de les secouer, de les injurier. Et voilà que sa fille drague ostensiblement cette corporation qu'il exècre. Et elle le fait en s'appuyant sur les services du même homme, Alain Vizier, jusque-là indéfectiblement attaché, face à la meute médiatique, au service et donc à la protection de Jean-Marie Le Pen, ce « Président » qu'il sert avec un dévouement sans limites depuis 1982... Pour Jean-Marie Le Pen, ce renversement d'attitude est incompréhensible. Il jalouse sa fille capable d'instaurer

1. Entretien avec l'auteur, 18 novembre 2016.

des relations apaisées, sereines, et même parfois cordiales avec certains journalistes. Toujours menacé d'être rongé par le virus du complotisme, le fondateur du FN perçoit dans l'attitude de sa fille comme l'indice d'une trahison en germe. Quant aux médias, souvent serviles et aveuglés par l'attrait de la nouveauté, garante de succès, ils baissent la garde et tombent, pour beaucoup, dans le piège tendu par la fille du chef.

En fait, c'est la « peopolisation » de la vie politique qui va faire la fortune médiatique de Marine Le Pen. Les journalistes se jettent sur elle, s'en emparent, mettent en scène les prémices de son ascension, parce qu'elle leur apparaît comme un bon outil pour régler définitivement son compte à Jean-Marie Le Pen.

Marine, le lepénisme à visage humain, et même urbain, quel plus beau conte à narrer au public quand on s'applique depuis bientôt trois décennies à raconter les aventures de la marque Le Pen comme une succession de saisons de *Dallas* ? La période la plus significative pour noter ce décalage remonte à la campagne interne pour la succession de Jean-Marie Le Pen à la présidence du Front national, qui doit se clore du congrès de Tours de janvier 2011.

Face au terne, fade, et pour tout dire « invendable » Bruno Gollnisch, Marine Le Pen apparaît comme la seule offre médiatiquement comestible. Résultat, c'est la seule des deux concurrentes à bénéficier d'un traitement télévisuel abondant, allant jusqu'à squatter en novembre 2010 le plateau de la grande émission politique de France 2 présentée par Arlette Chabot, on l'a évoqué.

Le poisson froid et les piranhas

L'irruption de Florian Philippot complète donc cette métamorphose du FN en Front télévisuel. Là encore, comme à propos de la ligne idéologique imprégnée de propositions sociales dite du « ni droite ni gauche » que Marine Le Pen, alors directrice de campagne de son père, prônait déjà lors de l'élection présidentielle de 2007, le jeune énarque n'invente rien. Ou si peu. Mais il tombe à pic. Il n'impulse pas grand-chose. Mais il attise. Il accélère la métamorphose.

Alors, bien sûr, comme toutes les unions, celle de « Marine » et « Florian » ne va pas sans heurts ni nuages. Comme dans tout mariage passionnel, il arrive parfois que le temps tourne à l'orage entre les deux tourtereaux. Toujours flegmatique et impassible en apparence, Florian Philippot bout intérieurement. C'est un sanguin qui s'ignore. Un exalté clandestin. Que la présidente du FN lui donne tort, que l'un des « vieux cons » de l'ancienne génération lui résiste, ou que la « petite conne » Marion Maréchal-Le Pen le défie ouvertement, et le voilà qui a tôt fait de menacer de claquer la porte. Plus d'une fois, Marine Le Pen l'a rattrapé par la manche. Ce qui n'empêche pas non plus la présidente du FN de lui faire quelques remontrances lorsqu'il va trop loin, trop vite, trop fort. Marine Le Pen lui a par exemple reproché d'avoir laissé, voire piloté, ses supporters qui lançaient sur Facebook une page « Génération Philippot » tout à sa gloire. De même l'a-t-elle sévèrement sermonné lorsqu'il a agressé, en décembre 2016, sa nièce, Marion Maréchal-Le Pen sur la question de l'IVG. Le numéro deux du parti l'a en effet accusée d'être une personnalité « marginale et isolée » lorsqu'elle a plaidé pour le déremboursement partiel de l'IVG. Maladroite, la charge lui a valu en retour une mobilisation massive des partisans de la députée du Vaucluse sur les réseaux sociaux sous le hashtag « #avec Marion ».

Car, au fond, Philippot-le-techno se fait trop peu d'amis et beaucoup trop d'ennemis au sein du parti d'extrême droite. Question de style, d'abord. Trop froid, trop distant. Le jeune homme arbore un faciès impassible qui ne trahit jamais aucune émotion. Son regard triste un peu tombant doublé d'un port de menton un tantinet prétentieux n'incite guère à la gaudriole. Là aussi, pour un parti qui vécut quatre décennies durant au rythme de fêtes arrosées et de banquets gargantuesques, le contraste est saisissant. En son domaine de Montretout comme au fil de ses innombrables campagnes électorales et autres rassemblements politico-festifs du parti, Jean-Marie Le Pen, toujours accompagné d'une brochette de baroudeurs grandes gueules plus ou moins avinés, a passé des décennies à régaler toute une cour. Sous le règne de l'intendant Philippot, le parti est passé à l'eau claire et au régime de la politique sans gluten. Une austérité qui plombe un peu plus l'ambiance en interne. Dans le marigot frontiste, l'ambitieux Philippot est un poisson froid qui aiguise l'appétit de nombreux piranhas bouillants. Mais c'est surtout la ligne qu'il préconise, et qu'il impose au parti qui enrichit, jour après jour, la collection d'adversaires tous plus acharnés, et tous plus attachés à sa perte.

Les secrets d'un « outing »

« Avec lui, Marine est dans une dérive néochevènementiste. Il a une vision cryptomarxiste de l'économie, nourrie de haine sociale, qui met tous les patrons dans le même sac », assène un soutien de Marion Maréchal-Le Pen, blonde incarnation de la résistance au règne du philippotisme triomphant.

Cible des franges traditionnelles de l'extrême droite qui le peignent en renégat, à l'instar du journal *Minute* qui estime que, avec lui, « le système n'a pas de souci à se faire car un de ses agents est dans la place », Florian Philippot est aussi victime d'une campagne homophobe aussi souterraine que perverse. Longtemps mal à l'aise, tant avec son identité politique qu'avec son identité personnelle, le jeune homme a été « outé » contre son gré par le magazine people *Closer* en décembre 2014.

À l'époque, il dénonce une « atteinte gravissime » à sa vie privée. « Quelle est cette société où on peut être traqué, pisté plusieurs jours, pris en photo à son insu, des photos livrées au grand public, sans votre accord bien évidemment ? C'est une dérive qui me semble très grave, une sorte de fuite en avant vers une américanisation à laquelle on avait échappé », fustige le vice-président du FN en portant plainte contre « ce magazine de presse torchon» motivé par des «raisons bassement matérielles, de fric».

Deux ans plus tard, Florian Philippot assure que la révélation publique de son homosexualité «ne fut pas un soulagement car ce n'était pas un problème». Il n'empêche que l'épisode était, déjà, révélateur de l'hostilité dont le vice-président du Front national était l'objet au sein du parti d'extrême droite. Il survint quelques semaines après le ralliement au FN d'un ancien responsable de l'UMP, Sébastien Chenu, homosexuel militant, fondateur du mouvement GayLib et jadis militant de «Démocratie libérale (DL) de l'Oise très hostile à tout rapprochement avec le FN. Cette recrue, ramenée au FN par le tandem d'Hénin-Beaumont composé du maire, Steeve Briois, et de l'un de ses proches, Bruno Bilde, fut aussitôt bombardée dans l'entourage proche de Marine Le Pen pour prendre en charge les questions de culture. Cette promotion suscita un émoi certain et une réunion houleuse du bureau politique du Front national. Nombre de dirigeants, à commencer par Bruno Gollnisch mais aussi Marion Maréchal-Le Pen, ont fait part de leur hostilité à cette arrivée. Le député européen Aymeric Chauprade osa dénoncer l'existence d'un «lobby gay» au sein du parti qui mettrait Marine Le Pen «sous influence». Quelques mois plus tard, il paya cette audace d'une exclusion du FN. Quant à Marion Maréchal-Le Pen, qui prit la défense de l'imprudent Chauprade, son entourage a été fortement suspecté d'avoir «outé» l'homosexualité de Florian Philippot. «Franchement, tout le monde le savait... et tout le monde s'en fout!», s'amuse un fidèle collaborateur de la députée du Vaucluse. Philippot a quand même fait mener une enquête serrée par ses proches pour tenter de déterminer l'origine de la fuite. En vain.

Quoi qu'en disent ses dirigeants, qui répètent la main sur le cœur que le Front national est devenu un parti comme les autres, l'homosexualité de Florian Philippot et de plusieurs de ses proches demeure un sujet de tension, de controverse et de coups bas dans les coursives du «Carré». Surtout lorsque Marion Maréchal-Le Pen a décidé de mener une offensive idéologique au sein du parti pour essayer de le ramener sur des positions traditionalistes plus orthodoxes en matière de défense des mœurs et de la famille et de remise en cause de l'avortement.

Comme de bien entendu, Jean-Marie Le Pen n'est pas le dernier à entretenir l'homophobie au sein du FN. Il use de saillies de cette nature pour s'en prendre à Philippot, moquant «Don Quichotte de la Jaquetta» sur les réseaux sociaux ou dénonçant l'entrisme de «M. Philippot et de ses gestapettes, tous ses petits amis sciences-politicards, tous ces jeunes gens bien propres sur eux et aux dents longues qui ont encore la goutte au nez».

Quant à Marion Maréchal-Le Pen, si elle a été suspectée d'avoir «outé» son rival, c'est que, quelques semaines auparavant, elle avait elle-même subi une barbouzerie dont elle avait aussitôt fait porter le chapeau à la «Philippot connection». Ce soir de mai 2014, la jeune femme était revenue dormir, seule, chez sa mère, Yann, au deuxième étage de l'hôtel particulier, juste au-dessus du bureau de son grand-père. Lorsqu'elle se lève le lendemain matin, sa mère est partie avant l'aube, dès 4 heures, pour aller tracter la prose frontiste à Rungis en vue de la campagne des élections européennes prévues quelques jours plus tard. La jeune femme est donc seule dans la propriété quand elle retrouve son sac vidé, ses affaires personnelles fouillées, et sa carte tricolore de députée déposée en évidence sur un meuble. Étrangement, rien n'a été dérobé. Sa voiture, stationnée devant la maison, a elle aussi été fouillée. Trois semaines avant cela, l'appartement que loue la députée à Carpentras, dans sa circonscription du Vaucluse, a lui aussi été cambriolé. Là non plus, rien n'a été volé. « Ce ne sont pas des monte-en-l'air qui ont fait ça, tranche son entourage. On cherche à impressionner Marion... » Qui est « on » ? À l'extrême droite, la culture de la barbouzerie réveille vite la parano. Et le camp de Marion Maréchal-Le Pen a rapidement ciblé les partisans de cet étrange Florian Philippot qui a pris le contrôle de l'esprit de Marine Le Pen et ne tolère pas la moindre concurrence.

Marion contre Florian, l'après-Marine a commencé

Exaspérée par l'influence tant psychologique que politique acquise par le gourou Philippot sur sa tante, Marion Maréchal-Le Pen n'hésite plus à croiser le fer avec l'imposteur. Après l'avoir nettement supplanté en débouchant en tête du vote du comité central lors du congrès de Lyon, en décembre 2014, la jeune femme n'a cessé d'avancer ses pions, d'accroître son influence. Et d'oser contester haut et fort le poids du mauvais génie.

À l'automne 2016, la désignation de François Fillon comme candidat de la droite à la présidentielle de 2017 a incité la députée du Vaucluse à redoubler ses coups. Ancré sur des positions sociétales ultraconservatrices, l'ancien Premier ministre lui apparaît comme un redoutable concurrent capable de menacer sa stratégie droitière et de récupérer une frange d'électeurs lepénistes déboussolés par la ligne « sociale » impulsée par Florian Philippot.

C'est la raison pour laquelle la nièce n'a de cesse d'alerter sa tante, quitte à semer le désordre au sommet du parti. Plus d'une fois, la présidente du Front national s'est montrée exaspérée par l'indiscipline de Marion, qui n'hésite plus à contester la ligne fixée par elle.

À en croire la jeune députée, pourtant, elle et Marine se ressembleraient trop pour s'affronter un jour. Elles ont en commun jusqu'au prénom qu'elles partagent puisque la patronne du FN s'appelle à l'état civil « Marion Anne Perrine », comme on l'a déjà évoqué. Elles ont tout vécu ensemble, sous le toit de la villa du parc de Montretout où Marion vivait avec sa mère Yann, juste à côté de sa tante. À vingt ans d'écart, elles ont subi les mêmes brimades à l'école parce qu'elles portaient le nom de Le Pen, que la petite Marion a adjoint à celui de Maréchal dès son plus jeune âge. En 2002, quand son grand-père se qualifie pour le second tour, la collégienne se souvient encore des menaces d'enlèvement reçues sur le répondeur téléphonique de son père adoptif, Samuel Maréchal.

Comme Marine, Marion fait ensuite ses études de droit à Assas. Et elle a eu les mêmes réticences initiales vis-à-vis de la politique. « Toutes mes tantes ont essayé d'y échapper, mais toutes ont fini par en faire », confie la nièce. Elle aussi, donc. Et la fausse ingénue s'est même assigné une mission : garantir par-delà les générations et les vicissitudes du temps la pérennité de la marque Le Pen. La députée du Vaucluse se dit marquée par les « guéguerres familiales », les hurlements, les portes qui claquent et la vaisselle qui vole et se brise, autant d'épisodes qui ont scandé ses jeunes années dans l'antre de Montretout. Elle n'avait que 9 ans lors de l'affrontement entre son père de cœur, Samuel Maréchal, le gendre pro-Le Pen, et Philippe Olivier, le gendre pro-Mégret, au moment de la scission du FN. Elle n'avait que 9 ans mais ce fut violent.

Le temps a passé, et Marion Maréchal-Le Pen parle désormais à toutes les branches, et toutes les générations de la famille Le Pen, cette tribu décomposée aux faux airs de famille Addams. « Marion est celle qui a toujours réussi à faire le lien entre tous », confiait le père adoptif, Samuel Maréchal, il y a trois ans. Tous lui prêtent attention, pour la couver, comme sa mère, Yann, chargée de l'organisation des manifestations du FN, ou pour s'en méfier, comme sa tante, Marine, surprise par son assurance et sa liberté de ton. Résultat, Marion Maréchal-Le Pen est aujourd'hui au centre du clan.

Passée d'un système à l'autre, du système familial et sulfureux de la filiation Le Pen au système présentable et médiatique de la méthode Philippot, Marine Le Pen est « obsédée par la normalisation et la médiatisation », selon la formule de Carl Lang. « Marine a soif de reconnaissance, confie un de ses proches. La clef de tout, c'est qu'elle ne veut pas revivre ce que son père a vécu. C'est une "bobo", une bourgeoise parisienne, qui ne veut pas connaître la violence de la politique et subir l'ostracisme qu'a subi son père. » Ce besoin de se faire reconnaître, accepter, et même d'intégrer cet « établissement » qu'elle vomit dans ses discours publics a donc conduit Marine Le Pen à adhérer corps et âme au logiciel Philippot.

Mais au Front national, la famille a ses raisons que la politique ne connaît pas. Si le parti d'extrême droite est d'abord une marque, alors, quelles que soient les divergences de ligne, Marion Maréchal-Le Pen possède le talisman. Sa tante le sait. Florian Philippot devrait s'en souvenir. Au Front national, depuis la création du parti en 1972, la position de numéro deux est une place maudite. C'est la place du mort. Parfois au sens propre du terme, comme l'illustrent les disparitions tragiques du négationniste François Duprat, mort dans un attentat jamais élucidé en 1978, ou de l'élu de Dreux, Jean-Pierre Stirbois, décédé dans un accident de la route dix ans plus tard. Bruno Mégret, Carl Lang ou Bruno Gollnisch s'en sont à peine mieux tirés, survivants, certes, mais exclus, virés et politiquement marginalisés.

À l'extrême droite, avec l'affrontement Philippot-Maréchal, l'après-Marine a déjà commencé. Et demain comme hier, depuis la fondation du parti d'extrême droite, c'est un duel à mort entre la « normalisation » et la préférence familiale qui va se jouer, un affrontement sans pitié entre l'impossible quête de respectabilité et la pérennité de la marque Le Pen.

4

De quoi le marinisme est-il le nom ?

Il est deux erreurs symétriques que commettent la plupart des observateurs qui se penchent sur la nature du marinisme. La première consiste à psalmodier, à répéter comme un mantra, à chanter sur tous les tons que non, jamais, ô grand jamais, ce n'est pas vrai, le Front national n'a pas changé. Le parti d'extrême droite serait immuable, figé dans sa gangue originelle, fidèle pour l'éternité à la ligne fixée par son fondateur et Conducator, Jean-Marie Le Pen, lorsqu'il le créa à l'automne 1972. Un rapide examen des faits, et des déclarations de la présidente du FN depuis qu'elle en a saisi les rênes en janvier 2011, et même avant, suffit à contredire cette sotte affirmation.

En six ans, c'est vrai, la nouvelle patronne du FN en a infléchi le cours. Elle s'est, par exemple, bien gardée de succomber à ces tentations antisémites qui tenaillent l'homme du « détail ». Elle a même traqué, souvent, et parfois viré son ménagement, ceux qui, au sein du FN, se laissaient encore aller à ce vil péché constitutif de l'identité même de l'extrême droite.

L'antisémitisme sous le tapis

Contrairement à son père, Marine Le Pen ne laisse transparaître aucune trace d'antisémitisme, ce démon qui taraude les tréfonds du nationalisme depuis son émergence. Elle ne ressasse pas l'histoire maudite de l'extrême droite française, compilation de ces défaites qui, de Vichy à l'Indochine et l'Algérie, ont obnubilé sa vie durant Jean-Marie Le Pen et toute la génération des cofondateurs du FN. Peu de temps après son accession à la présidence du FN, elle donnait des gages de sa volonté de rompre, au moins en façade, avec ce lourd passé : « Tout le monde sait ce qui s'est passé dans les camps et dans quelles conditions. Ce qui s'y est passé est le summum de la barbarie. Et, croyez-moi, cette barbarie, je l'ai bien en mémoire[1]. » Dans son autobiographie, *À contre-flots*, elle a même prétendu qu'on lui avait reproché, dans sa famille politique, et dans sa famille tout court, « de ne pas savoir chanter "Maréchal, nous voilà !", ni réciter Maurras ou Léon Bloy dans le texte ». C'est clair, Marine Le Pen ne dispose pas du bagage traditionnel de la culture de l'extrême droite française, sans que l'on sache totalement d'ailleurs si ce changement est le produit d'une véritable rupture idéologique pensée... ou la conséquence d'une simple paresse elle-même source d'une ignorance crasse.

1. *Le Point*, 3 février 2011.

Cette mutation, réelle, n'empêche pas les cadres et électeurs du parti lepéniste de se complaire, eux, dans un antisémitisme bien plus profond que celui qui taraude la moyenne de la population française, comme l'a illustré une passionnante enquête de la Fondapol[1] (Fondation pour l'innovation politique) montrant que, par exemple, plus de 50 % des électeurs FN considèrent qu'il y a « trop de Juifs dans les médias » ou ne voteraient pas « pour un président juif ».

Au regard de notre histoire récente, et plus précisément de la déportation puis de l'extermination des juifs, crime au service duquel le régime de Vichy a prêté son concours avec un zèle certain, l'antisémitisme est devenu une faute indépassable que rien ne saurait excuser, justifier ou même relativiser. Malgré la présence dans son entourage d'antisémites notoires, Marine Le Pen s'emploie donc à tenter d'effacer cette tache indélébile de son CV. Reconnaissons que l'héritière fait des efforts. Certes, ses diatribes répétées contre le « culte du veau d'or », « le capitalisme transnational », « le pouvoir absolu des banquiers » accusés de diriger le monde avec pour seule boussole leur propre profit, ou encore la dénonciation de la mainmise de « puissants lobbies » sur la démocratie empruntent au registre lexical traditionnel de l'extrême droite. Ces propos peuvent parfois être perçus par un public d'initiés d'extrême droite comme la rémanence et la persistance de références antisémites implicites. Jacques Attali, Goldman Sachs ou la banque

1. *Le Monde*, 15 novembre 2014.

Rothschild figurent eux aussi au Panthéon des cibles de la présidente du FN et peuvent accroître ce sentiment. Mais Marine Le Pen elle-même évite tout dérapage, toute sortie de route explicite, et réitère publiquement les condamnations de l'antisémitisme dès qu'elle est interrogée sur ce sujet.

De même, c'est vrai aussi, le Front national a changé également sur le plan économique et social. Le voilà désormais porteur d'un projet d'obédience colbertiste, défendant avec force le rôle de l'État, l'utilité de la dépense publique, le rétablissement de la retraite à soixante ans et le maintien de ce que les libéraux appellent les « acquis sociaux ». Préalable à son accession au statut de gourou de la présidente du FN, ces inflexions sont spectaculaires.

À défaut d'en être issue, de vivre comme lui ou simplement à ses côtés, la bobo Le Pen prend la pose du peuple. C'est déjà ça. Mais c'est peu...

Un parti légal, certes, mais pas républicain

En effet, est-ce à dire que le Front national serait devenu pour autant une formation ordinaire, comparable et assimilable, dans son essence même, au parti socialiste ou au parti les Républicains ?

C'est là la deuxième erreur, antinomique et engendrée par la première, commise par nombre d'entomologistes qui prétendent disséquer la nature profonde du marinisme.

Cette faute-là, tout aussi grave que la première voire plus dangereuse, consiste à dire et à répéter, avec la même ferveur que ceux qui ressassent l'inverse, que puisque le Front national a changé, c'est qu'il est devenu un parti « normal », comme il en fut de certains candidats à l'Élysée et même d'un président sur le départ.

Sous l'influence de la benjamine du fondateur, la formation lepéniste se serait transformée en un parti comme les autres, une formation qui aurait raison de récuser l'étiquette d'« extrême droite » synonyme d'infamie et pourrait, à bon droit, revendiquer une nature authentiquement républicaine. Dangereux contresens, funeste faute. Oui, sous le joug de Marine Le Pen, c'est vrai, le FN a changé. Mais bien avant que l'héritière n'en prenne le commandement, le Front national avait déjà souvent changé, muté, mué. C'est même l'une des raisons de son succès persistant et toujours renouvelé.

Parti attrape-tout doté d'un chef-caméléon, formation populiste conduite par un guide démagogue, depuis sa création, le FN n'a jamais cessé de chercher à s'adapter à son époque.

L'extrême droite est d'ailleurs un courant politique qui, selon les situations historiques et les traditions ou contextes nationaux, affiche des visages fort différents. Elle peut être étatiste ou libérale, conservatrice ou révolutionnaire, sioniste ou pro-palestinienne, atlantiste ou antiaméricaine. Au fond, un seul et même critère distingue à jamais cette sensibilité idéologique des formations républicaines, c'est le refus du mélange, du métissage, le rejet de l'autre, l'idée que certains individus seront, par héritage, du fait de leur descendance, en raison de leur sang ou pour un quelconque autre mérite, toujours un peu plus français que d'autres. Ce démon des origines qui travaille l'extrême droite à tous les âges finit par engendrer une hiérarchisation des citoyens, un classement des êtres selon leur degré de « pureté », et nourrit le fantasme d'une identité nationale immuable, éternelle, inchangée, pour tout dire... pure. Ce mythe d'un âge d'or perdu et à reconquérir va de pair avec le sentiment d'une inexorable décadence : il constitue la colonne vertébrale idéologique du nationalisme[1] et continue de définir le marinisme, en cela aussi digne héritier du lepénisme originel. « La question qui se pose à notre génération de Français est de savoir si nous acceptons de sortir de l'Histoire », interroge solennellement la présidente du FN. À cette interpellation qui se veut grave, voire définitive, elle répond en ressuscitant le vieux mythe de l'âge d'or consubstantiel à sa famille politique : « Derrière les mythes de la France éternelle, de la décadence et du sursaut national, écrivent Cécile Alduy et Stéphane Wahnich[2], derrière le mythe du "peuple" lui-même, arbitrairement unifié et expurgé des conflits inhérents aux appartenances de classe, aux divergences de cultures, d'affiliations, religieuses, régionales ou sociales, c'est une construction imaginaire éminemment idéologique qui surgit, la "France éternelle", à la fois singulière

1. Raoul Girardet, *Mythes et mythologies politiques*, coll. « Points-Histoire », Le Seuil, 1986.

2. Cécile Alduy et Stéphane Wahnich, *Marine Le Pen prise aux mots, décryptage du nouveau discours frontiste*, Le Seuil, 2015.

et exemplaire, unique et universelle, enracinée dans une terre mais miraculeusement dégagée de toute contingence car porteuse de principes absolus (le Bien, la Justice, la Liberté, la Civilisation). » C'est clair, Marine Le Pen parle à l'imaginaire autant qu'à la raison, son discours prétendument technocratique et de gouvernement, guidé par les incontournables fiches et sondages de son fidèle Florian Philippot, convoquent des récits mythiques dans le droit-fil de ceux que prononçait son père.

Parmi toutes les approximations qu'il s'efforce d'attiser pour mieux avancer masqué, le discours de Marine Le Pen, royaume de l'implicite, du sous-entendu et de l'amalgame s'applique à entretenir une grossière confusion entre « parti légal » et « parti républicain ». Le Front national est reconnu par la loi, il respecte la législation, ne se met pas, sauf rarissimes exceptions, hors la loi et participe aux élections, c'est donc un parti républicain répètent Marine Le Pen et ses amis. Voilà un sophisme aussi creux que vide de sens...

D'abord parce qu'il existe des partis monarchistes, des organisations royalistes qui prétendent encore remettre un descendant des Bourbons sur le trône de France, ou d'autres organisations, foncièrement révolutionnaires, qui sont tout à fait légales, reconnues par les textes, et qui ne sont en rien républicaines puisqu'elles affichent publiquement l'objectif de mettre à bas la République.

De même, le choix de la légalité, la décision de participer aux élections ne date pas de Marine Le Pen. Il est même consubstantiel à la création du Front national en octobre 1972. C'est pour pouvoir concourir lors des législatives de mars 1973 que les nervis d'Ordre nouveau, jusque-là davantage portés sur le maniement de la barre de fer que sur la dispute idéologique, se sont mis en quête d'un chef présentable pour conduire leur nouvelle formation aux urnes. Et qu'ils ont choisi... Jean-Marie Le Pen, qui faisait alors figure à l'extrême droite de... notable assagi.

Unité des multiples chapelles concurrentes de l'extrême droite, et électoralisme, tels sont les deux principes à l'origine de la fondation du Front national. L'historien négationniste François Duprat, cofondateur du FN dont il fut numéro deux avant de disparaître dans un attentat jamais élucidé en mars 1978, a lui-même raconté cette gestation et la marche vers la légalité de son courant politique dans une histoire en deux tomes des *Mouvements d'extrême droite en France depuis 1944* qui fait figure de référence au sein de sa famille idéologique. Quoique lui-même peu porté sur le respect scrupuleux de la démocratie et de ses institutions, François Duprat résume en ces termes l'alliance entre les nationaux de Jean-Marie Le Pen et les nationalistes d'Ordre nouveau, conduits notamment par le polémiste François Brigneau, et conclut lors du congrès fondateur du FN en octobre 1972 : « Après que Le Pen, dans un brillant discours, a clairement montré que la seule possibilité de survie de l'opposition nationale résidait dans la constitution d'une force unitaire la représentant dans la bataille électorale, Brigneau répondit au nom d'Ordre nouveau en insistant sur le fait que la force unitaire ne saurait être que le Front national[1]. »

Depuis, c'est vrai, le Front national a participé à tous les scrutins, ou presque. Et, bien que distillant un discours de violence, et traînant dans son sillage certains individus particulièrement dangereux, il n'a que rarement été à l'origine de dramatiques faits divers susceptibles de remettre en cause son existence même et d'inciter l'État à procéder à sa dissolution : il y eut, notamment, la mort d'un colleur d'affiches socialiste, Philippe Brocard, tué dans une bagarre le 7 mars 1986 à Croissy-sur-Seine (Yvelines), celle d'un jeune Comorien, Ibrahim Ali, abattu par un militant lepéniste dans les quartiers nord de Marseille en février 1995, la noyade de Brahim Bouarram poussé dans la Seine par des skinheads lors du défilé frontiste le 1er mai 1995 en l'honneur de Jeanne d'Arc, et divers actes de violences, émeutes ou expéditions punitives proférées par le DPS (Département protection sécurité), le service d'ordre du FN, alors constitué en milice privée dans les années 1994-1998. Mais à chaque fois, l'hypothèse de recourir à la loi de 1936 sur la dissolution des Ligues, caressée par certains, a été écartée.

Le fait de respecter globalement les lois de la République ne suffit toutefois pas à faire automatiquement d'une formation légale un parti républicain. Cette distinction qui définit la nature même d'un combat politique et non le simple formalisme d'une action militante, ne peut être

1. François Duprat, *La Droite nationale en France de 1971 à 1975*, Éditions de l'homme libre, 2002.

attribuée qu'aux organisations qui défendent l'universalité des valeurs de la République (le triptyque liberté-égalité-fraternité, mais aussi laïcité-tolérance-humanisme). Pour autant, s'il demeure un courant de l'extrême droite, le marinisme a donc changé la vitrine et même une bonne partie du programme du Front national. Une mutation qui n'a rien d'étonnant non plus, tant au FN, le changement, ce n'est pas maintenant, c'est tout le temps !

La conversion antimondialiste

Ainsi donc, bien avant l'avènement de Marine Le Pen, le Front national s'était doté d'un programme résolument libéral pour les élections législatives de 1978. Ce document, intitulé « Droite et démocratie économique », faisait la part belle à la réduction des dépenses de l'État, au démantèlement des services publics et à la baisse des impôts.

Consacré à la défense et à l'apologie des libertés économiques, ce programme, qui sera réactualisé à l'occasion des européennes de 1984, des législatives de 1986, puis de la présidentielle de 1988, dans un sens toujours plus libéral, se complaît dans une béatification de l'entreprise privée pour mieux fustiger la politique « dirigiste » de Valéry Giscard d'Estaing d'abord, puis la « soviétisation » mise en œuvre par le gouvernement « socialo-communiste » de François Mitterrand ensuite.

À l'époque, l'entreprise privée, son chef, à savoir le patron, et le profit, sont considérés par Jean-Marie

Le Pen comme d'incomparables « moteurs de l'économie ». C'est la sainte Trinité du capitalisme libéral revu et corrigé à la sauce lepéniste, un autel devant lequel le fondateur du FN se prosterne quotidiennement. L'impôt, lui, est stigmatisé au nom des théories de l'économie de l'offre, de la « révolution conservatrice américaine » et du reaganisme. L'héritage poujadiste et un ancrage néolibéral sont ici nettement affirmés. Ils tiennent lieu de doxa au cours des décennies suivantes, en particulier quant au volet fiscal du projet proposé par l'universitaire Jean-Claude Martinez. Le FN ne préconise pas seulement la suppression de l'impôt sur les grandes fortunes (IGF) mais carrément celle de l'impôt sur le revenu, et Jean-Marie Le Pen aime à se peindre en « Reagan français », le président américain élu en novembre 1980 et réélu quatre ans plus tard que le leader du FN a réussi à rencontrer lors d'un voyage à Washington. La photo de leur poignée de main orne tous les documents électoraux du parti. Viscéralement pro-américain et anticommuniste, le fondateur du FN réclame alors l'édification d'une confédération européenne et la réintégration de la France dans l'Otan, organisme qu'elle a quitté à la suite d'une décision mémorable de l'ennemi historique de l'extrême droite, le général de Gaulle. On touche à la quintessence du poujadisme, cette aventure électorale originelle du lepénisme qui fit du futur chef du Front national le benjamin de l'Assemblée nationale à l'issue des élections législatives de février 1956.

À l'orée des années 1990, changement d'orientation, et même tête-à-queue radical de la stratégie du Front national. Sa base électorale se prolétarise. Jusque-là parti de l'atelier et de la boutique, implanté chez les commerçants, artisans et travailleurs indépendants, principalement dans le sud-est de la France, le Front national nationalise son influence et enregistre ses premiers succès dans le nord et l'est du pays. Pour caractériser cette poussée qui se traduit par une inflexion sociologique de ses supporters, le politologue Pascal Perrineau, alors directeur du Cevipof (Centre d'études de la vie politique française), invente le terme de «gaucho-lepénisme». La prise du pouvoir idéologique de Bruno Mégret sur le cours du Front national se traduit par une double mutation. Le FN adopte simultanément un discours qui se met à fustiger la faillite des élites sur le plan intérieur et à adopter sur le plan extérieur une posture résolument hostile au Nouvel Ordre mondial à dominante américaine né de la chute du mur de Berlin. Ce sont Bruno Mégret et ses amis qui convertissent le FN à une nouvelle démonisation, celle du «mondialisme», idéologie «anti-nationale» par excellence qui devient l'indépassable ennemi, honni par-dessus tout.

«C'est en considérant cette mise en place du Nouvel Ordre mondial que doit se comprendre notre changement d'attitude à l'égard de la politique des États-Unis, explique alors Jean-Marie Le Pen dans un éditorial de la revue théorique du FN, *Identité*[1]. Lorsque la guerre froide

1. «L'Amérique, adversaire des peuples», éditorial de Jean-Marie Le Pen, «Le bras armé du Nouvel Ordre mondial», *Identité*, revue d'études nationales, numéro 23, juillet/août/septembre 1996.

sévissait et que l'Armée rouge menaçait, l'Otan avait sa raison d'être. La présence américaine contribuait à contenir l'expansionnisme soviétique et, partant, à assurer notre liberté. Aujourd'hui, les choses ont changé. L'Otan opère sa reconversion comme bras armé du Nouvel Ordre mondial. [...] La Maison Blanche est devenue le cheval de Troie du mondialisme. Il faut donc combattre résolument ses velléités. »

Le retour du « ni droite, ni gauche ! »

C'est à la même période que l'un des gendres de Jean-Marie Le Pen, Samuel Maréchal, leader du Front national de la jeunesse (FNJ), mari de Yann et père adoptif de Marion, la future députée du Vaucluse, va tenter de situer le Front national sur un nouvel axe politique en le plaçant sous les auspices d'un nouveau slogan : « Ni droite, ni gauche : Français ! » Ce nouveau cri de ralliement ne plaît guère à la vieille garde attachée au positionnement ultra-droitier d'un FN fondé par des héritiers de la Collaboration et consolidé par des rescapés des guerres coloniales et des baroudeurs de l'équipée Tixier-Vignancour lors de la présidentielle de 1965. Figure historique du FN dont elle est vice-présidente, Martine Lehideux ne digère pas. Veuve d'André Dufraisse, cofondateur du Front national, ancien de la Légion des volontaires français (LVF) sous la Seconde Guerre mondiale où il acquit, sur le front de l'Est, le surnom de... « Tonton Panzer », elle incarne ce courant droitier incapable de prendre un tel tournant. Elle revendique alors publiquement « l'habitude de se définir comme une femme de droite en fonction de valeurs comme la famille, l'ordre ou la sécurité » et ajoute : « Le FN est quand même un mouvement de droite, ça n'échappera à personne[1] ! » On croirait entendre l'argumentaire de Marion Maréchal-Le Pen lorsqu'elle s'opposera vingt ans plus tard à la « gauchisation » du parti opérée sous l'influence de Florian Philippot. Jusque-là, Jean-Marie Le Pen se revendiquait clairement de la « droite nationale », appellation parfois agrémentée des qualificatifs « sociale et populaire ». D'autres, dont le journaliste Martin Peltier, à l'époque rédacteur en chef de *National-Hebdo*, journal lié au Front national, reproche au slogan « Ni droite, ni gauche : Français ! » de « rajouter un indice supplémentaire pour permettre à l'adversaire d'identifier le Front national au fascisme ». Il propose carrément de rattacher au slogan « Ni droite, ni gauche » une « précision : contre-révolutionnaire. Ou mieux : extrême droite » pour éviter de « donner l'impression d'avoir honte de ce que nous sommes et de tricher, sans convaincre qui que ce soit ». Martin Peltier connaît ses classiques et son histoire. Zeev Sternhell a expliqué comment ce slogan renvoyait précisément aux racines françaises du fascisme à la fin du XIXe siècle[2], avant d'être repris, plus tard, par le leader collaborationniste et chef du Parti populaire français

1. Renaud Dély, « Au FN, le slogan "Ni droite, ni gauche : Français !" entretient les querelles », *Libération*, 19 février 1996.

2. Zeev Sternhell, *Ni droite, ni gauche, l'idéologie fasciste en France*, Éditions Complexe, 1987.

(PPF) Jacques Doriot à la fin des années 1930. On le voit, ce positionnement, repris par Marine Le Pen, qui consiste à renvoyer dos à dos droite et gauche pour se ranger derrière le seul étendard de la nation, n'est en rien un gage de modération, et encore moins de républicanisme, mais se rattache plutôt directement à la tradition historique de l'extrême droite française.

Mais au tournant des années 1990, déjà, le FN choisit donc de s'adapter à la fois à la nouvelle donne internationale, à la fracture sociale qui se creuse en France et lui fournit de nouveaux bataillons électoraux prolétarisés, et au discrédit des partis traditionnels accéléré par les alternances et la cohabitation. Éditée par le FN et dirigée par Bruno Mégret, la revue *Identité*, qui fixe le cadre idéologique du parti d'extrême droite, explicite cette inflexion en ces termes : « Alors que les partis, au demeurant encore prisonniers du débat aujourd'hui dépassé qui a opposé les tenants de la société collectiviste à ceux de la société capitaliste, ressassent des slogans périmés et avancent des solutions inadaptées aux enjeux de l'avenir, à la limite de l'impuissance, le Front national, en accord avec son temps et à la pointe du nouveau débat qui s'annonce entre les partisans du mondialisme et ceux des valeurs identitaires dont il est le porte-drapeau, reste le seul à proposer un réel projet de société susceptible d'apporter les réponses qu'appellent les interrogations des Français[1]. »

1. « La modernité du Front national », *Identité*, revue d'études nationales, numéro 21 janvier-février 1994.

On le voit, la filiation idéologique entre le lepénisme mégrétisé des années 1990 et le lepénisme marinisé des années 2010 est frappante. En ces deux décennies, le Front national a cherché, comme toujours, à coller le plus possible aux souffrances sociales du pays et aux attentes de l'opinion. C'est même la nature de toutes les formations démagogues. Sur un fond xénophobe éternel qui fait de l'Autre, de l'étranger, du « différent », une inquiétude, une menace, ou en tout cas un danger potentiel, elles infléchissent leur discours et modifient leurs propositions pour suivre au plus près les angoisses de l'électorat.

Ainsi, même si cette évolution a été amorcée, on l'a vu, bien plus tôt, la crise financière de 2008 a conduit le FN à radicaliser son hostilité, et son opposition à la mondialisation.

Cette année-là, une affiche frontiste résume le positionnement du parti : « UMP-PS/PC/MoDem. Tous mondialistes. Tous coupables ! » Lors des élections européennes qui suivent, en 2009, le Front national réclame « l'adoption immédiate » de « mesures de sauvegarde économiques » qui se traduisent par l'instauration simultanée d'une forme puissante de souverainisme économique, de protectionnisme et d'interventionnisme étatique. Sortie de la France du FMI, « maîtrise » de la politique monétaire, abandon de l'euro et retour au franc, obligation d'intervention de l'État contre les « raids boursiers étrangers », « suppression » de la TVA sur les produits alimentaires de première nécessité et retour au contrôle des prix par l'État, le FN s'insurge contre la triple

« dictature » des marchés, des agences de notation et de l'ultralibéralisme d'obédience américaine et s'enracine, de fait, dans une mouvance anticapitaliste et antilibérale.

Est-ce à dire pour autant que le parti d'extrême droite bascule... à gauche, ou en tout cas qu'il adopte un programme « mélenchoniste », comme l'ont seriné tant d'esprits naïfs ? Certainement pas. D'abord parce que la vocation électoraliste de cette inflexion est indéniable. Avec ce discours étatiste viscéralement hostile à l'Europe et assis sur un mot d'ordre, la « restauration de notre souveraineté », le marino-philippotisme, puisque la numéro un du FN et son fidèle numéro deux communient pleinement sur ce terrain-là, cherche à conforter son implantation auprès des couches populaires abandonnées du nord et de l'est du pays où il a le plus progressé depuis une dizaine d'années. C'est ce FN du Nord qu'elle croise sur les marchés d'Hénin-Beaumont, sa terre d'élection, qui est devenu l'axe de conquête prioritaire pour Marine Le Pen, ce qui explique, en partie, les tensions croissantes avec les tenants de la ligne « droitière » dominante dans le sud-est du pays et incarnée par Marion Maréchal-Le Pen.

La boulangère de Montretout

Mais au-delà de ces considérations stratégiques, le marinisme dit « social » n'est pas une invention, pas même une rénovation. C'est plutôt une renaissance, et même une résurgence, celle d'un vieux courant constitutif de l'histoire de l'extrême droite française. Le nationalisme français possède une longue tradition anticapitaliste, par ailleurs imprégnée, d'Édouard Drumont à Henry Coston, par un fort antisémitisme. Le leader des Faisceaux, Georges Valois, prétendait bâtir une « économie nouvelle » appuyée sur un fort système corporatif. Mais ne nous y trompons pas, le marinisme n'est même pas un retour aux années 1930. C'est bien plutôt une résurrection des années 1890. Comme l'a montré l'historien israélien Zeev Sternhell, la période marque la naissance du nationalisme français incarné sur le plan politique, dans la foulée des écrits de Maurice Barrès, par la figure du général Boulanger. À la fois antidreyfusard et boulangiste, l'auteur des *Déracinés*, lui-même candidat aux législatives, juge que « le boulangisme existe parce que « le pays ne veut plus fêter qu'un seul parti, celui de la France[1] », ce qui le conduit à placer ce mouvement sous le patronage d'une figure indépassable du nationalisme, celle de Jeanne d'Arc.

Nommé ministre de la Guerre en 1886, le général Boulanger prospère et fait son beurre politique sur la misère et l'exploitation des petits et les frustrations des classes populaires. Sous le coup de l'urbanisation et de l'amorce de l'exode rural, les structures de la société française traditionnelle se désagrègent. « Le changement, vertigineux, bouleverse les modes de représentation et

1. Maurice Barrès, « Jeanne d'Arc ou la République ouverte », *Le Courrier de l'Est*, 6 juillet 1890.

réactive les grandes angoisses collectives. Les Français des années 1880 assistent bel et bien à la "fin d'un monde", pour reprendre une expression alors en vogue », analyse Grégoire Kauffmann[1].

Parallèlement, « le boulangisme populaire et autoritaire, antibourgeois et antiparlementaire ; le boulangisme des diatribes contre les riches, contre les injustices économiques, le boulangisme socialisant, le boulangisme des radicaux, des blanquistes et des guesdistes, le boulangisme des mineurs du Nord ou du petit peuple de Belleville est essentiellement le produit d'une crise de la démocratie[2] », analyse Zeev Sternhell.

Appel au peuple, dénonciation d'élites dévoyées et corrompues, besoin d'autorité, priorité accordée à la défense d'une identité nationale menacée d'invasion extérieure et de délitement intérieur, le général Boulanger construit sa popularité sur des thèmes qui sont aujourd'hui... ceux de Marine Le Pen. Il se fait porte-parole d'un républicanisme « à la fois autoritaire, égalitaire et frondeur », chantre de ce que Grégoire Kauffmann appelle « un social-chauvinisme héritier du sans-culottisme ». L'hétérogénéité à la fois sociale et idéologique du boulangisme explique, selon Zeev Sternhell, que « la révolte boulangiste, nourrie des thèmes familiers à l'extrême gauche, parvient à mobiliser une vaste clientèle populaire, celle-là même sur laquelle repose la République »

1. Grégoire Kauffmann, *Le Nouveau FN, les vieux habits du populisme*, Le Seuil, coll. « La République des Idées », 2016.
2. Zeev Sternhell, *La Droite révolutionnaire, les origines françaises du fascisme 1885-1914*, Le Seuil, coll. « Points-Histoire », 1978.

et accouche d'une synthèse mi-révolutionnaire, mi-conservatrice : « Elle allie à des velléités d'appel au peuple et d'autoritarisme un évident souci social, un certain populisme flatteur pour la petite bourgeoisie et une large partie du prolétariat encore peu perméable au marxisme[1] », conclut Zeev Sternhell.

La gémellité de l'équipée boulangiste avec les principaux traits du Front national revu et corrigé par la fille Le Pen est saisissante. L'héritière de Montretout va jusqu'à revendiquer, comme le général Boulanger jadis, la nature républicaine de son combat. En effet, contrairement aux ligues d'entre-deux-guerres ou aux maurrassiens de l'Action française, le général Boulanger ne prône pas le renversement de la République, il ne veut pas « pendre la Gueuse », mais prétend au contraire la revivifier, la restaurer en lui redonnant force, sévérité et autorité et en l'appuyant sur le peuple, dans un sens résolument plébiscitaire. La présidente du FN apparaît comme son héritière : Marine Le Pen, c'est la boulangère de Montretout ! Elle aussi cultive une méfiance instinctive envers la République parlementaire et ses représentants. Elle prétend lui substituer des référendums d'initiative populaire. Depuis sept ans, la patronne du FN cultive l'idée, ancrée dans son électorat et bien au-delà, que le verdict du référendum du 29 mai 2005 qui rejetait le projet de traité de Constitution européenne (TCE) a été bafoué par l'adoption, quatre plus tard, par voie parlementaire, du traité de Lisbonne qui en reprenait les dispositions. Pour fustiger

1. *Ibid.*

les dysfonctionnements de la démocratie parlementaire et se grimer en seule formation apte à rétablir une authentique démocratie, le programme du Front national assène : « La pratique politique elle-même est devenue contraire à l'idéal démocratique. Au-delà du mépris du vote référendaire, les Français se sont accoutumés à la trahison par leurs représentants des engagements pris devant eux lors des élections. Cette absence de loyauté renforce le sentiment que le vote populaire n'a plus guère d'influence sur les décisions effectivement prises. Cette déconnexion entre le peuple et ses élus, cette rupture du contrat de confiance entre les électeurs et leurs représentants alimentent les comportements contraires à la morale publique, aujourd'hui profondément malmenée en France. Ces élus qui se sentent indépendants du mandat que le peuple leur a pourtant confié se considèrent libres de se comporter sans se soucier du bien commun, sans se conformer à l'exigence qu'impose le service de la République. Cette exigence est bafouée au plus haut sommet de l'État, mais elle l'est aussi au niveau local, dans des féodalités régionales, départementales, qui se construisent contre le peuple[1]. » Au total, il faut donc se garder d'une double illusion d'optique. D'abord la dénonciation par le FN des années 2000 de « l'ultra-libéralisme », de la « spéculation » et des « élites mondialistes » ne vise pas à battre le capitalisme et à le remplacer par un autre système.

1. « Démocratie », frontnational.com

Donc, à quoi bon aller voter ?
le 21/04/2017

C'est en ce sens que le programme du FN n'est pas révolutionnaire au sens marxiste du terme et ne peut être assimilé, par exemple, à celui de Jean-Luc Mélenchon. Le FN ne veut pas détruire le capitalisme, mais la « finance », qu'elle soit « anonyme », « apatride » ou tout simplement « inhumaine ». Bref, il s'agit de restaurer un capitalisme à l'ancienne, doté d'un État fort et d'inspiration corporatiste, faisant la part belle à l'initiative individuelle, aux petits patrons, PME, artisans et commerçants. Cette dénonciation tous azimuts des agissements des « gros[1] », des puissants dans la sphère économique se double d'une dénonciation du même ordre et des mêmes dans le monde... politique. C'est en ce sens que la critique virulente de la démocratie parlementaire, du pouvoir volé « aux petits » par des gouvernants obnubilés par leur seul intérêt particulier ne se traduit pas par la volonté de bâtir une authentique démocratie qui rendrait ce même pouvoir, qui lui déléguerait des responsabilités. Il ne s'agit pas de solliciter les initiatives citoyennes et d'échafauder une quelconque démocratie participative de type ségoléniste, mais au contraire de restaurer un pouvoir fort, vertical, un régime plébiscitaire, le chef affirmant son autorité en recourant directement, par référendum, à l'appel au peuple pour mieux contourner d'abord, étouffer ensuite tous les corps intermédiaires qui sont les rouages d'une bonne démocratie représentative : élus, fonction publique, presse, etc.

1. Pierre Birnbaum, *Le Peuple et les gros. Histoire d'un mythe*, Hachette-Pluriel, 1995.

La « préférence nationale », un apartheid à la française

À ce titre, le rejet de l'État-providence et la dénonciation des « rigidités réglementaires » vont de pair avec le rejet siamois de l'État-omnipotent mais impuissant sur le plan politique rongé par l'abandon d'une souveraineté passée sous le joug bruxellois.

La restauration de cette souveraineté, élément constitutif de la reconstruction de l'État national, s'accompagne sur le plan idéologique de la mise en œuvre de « la préférence nationale » qui demeure la colonne vertébrale, l'ADN frontiste. Et qui caractérise l'identité profondément antirépublicaine de ce parti.

Théorisé par le Club de l'horloge et par l'un de ses anciens membres, Jean-Yves Le Gallou, ex-dirigeant frontiste, la « préférence nationale » consiste à réserver les emplois, logements et aides sociales aux seuls Français. C'est la déclinaison dans la gestion des affaires publiques du mot d'ordre historique de Jean-Marie Le Pen, « Les Français d'abord », et de cette maxime de vie qu'il a répétée à satiété tout au long de sa carrière politique : « J'aime mieux mes filles que mes cousines, mes cousines que mes voisines, et mes voisines que des étrangères... » Il n'est d'ailleurs pas certain, au vu du sort qu'elle lui a fait subir en l'excluant du FN, que Jean-Marie Le Pen préfère encore sa benjamine à ses voisines ou à des étrangères, mais ceci est une autre histoire...

Marine Le Pen s'est contentée de rebaptiser ce principe de « préférence nationale » hérité de son père en « priorité nationale », mais elle n'en a absolument rien changé sur le fond. Il s'agit de la même philosophie, du même précepte indépassable qui vise à penser toute l'organisation de la société, son architecture, son fonctionnement selon la prééminence du seul critère national. Non seulement Marine Le Pen ne l'a en rien adouci, mais elle a même étendu cette « préférence nationale », pardon, « priorité nationale », au terrain de l'école.

À l'orée de la campagne de la présidentielle 2017, la candidate du Front national a en effet promis, si elle entre à l'Élysée, de faire payer la scolarisation des enfants étrangers.

« Je n'ai rien contre les étrangers, mais je leur dis : Si vous venez dans notre pays, ne vous attendez pas à ce que vous soyez pris en charge, à être soignés, que vos enfants soient éduqués gratuitement, maintenant c'est terminé », a-t-elle expliqué.

Les parents étrangers en situation régulière devraient s'acquitter d'une « contribution » pendant quelques années auprès de l'Éducation nationale pour pourvoir faire scolariser leur progéniture alors que les enfants français, eux, disposeraient gratuitement du même service public. On imagine l'ambiance que créerait au sein d'un établissement scolaire la mise en œuvre d'une telle disposition, et même le traumatisme qu'elle provoquerait parmi des enfants découvrant l'existence de telles discriminations.

Le mot est sans doute trop fort, dans certains cas.

Rappelons par ailleurs que les étrangers en situation régulière présents sur le territoire national payent, comme tous les autres citoyens, des impôts, directs et indirects, et des cotisations sociales, qui justifient leur accès égal et gratuit aux services publics, notamment en matière d'éducation et de santé publique.

Marine Le Pen a beau se prétendre « républicaine », sa volonté d'appliquer la « préférence nationale » à l'école dévoile, aux yeux de ceux qui ne veulent pas la voir, la nature toujours éminemment antirépublicaine du Front national qu'elle dirige.

En effet, la chef de file de l'extrême droite est donc prête à annihiler l'une des principales institutions de la République, l'école gratuite, laïque et obligatoire, instaurée par Jules Ferry et confortée par le préambule de la Constitution de 1946. Ce texte fondateur exclut toute distinction entre élèves étrangers et français.

Tous les enfants, quelle que soit leur situation, doivent pouvoir accéder au service public de l'enseignement selon le principe d'égalité affirmé dans le préambule de la Constitution de 1946 et repris par le préambule de la Constitution de 1958 : « La nation garantit l'égal accès de l'enfant et de l'adulte à l'instruction, à la formation professionnelle et à la culture. L'organisation de l'enseignement public gratuit et laïque à tous les degrés est un devoir de l'État. » La nationalité n'est donc pas un critère et le code de l'Éducation nationale rappelle que « l'instruction est obligatoire pour les enfants des deux sexes, français et étrangers, entre six et seize ans ». La circulaire ministérielle du 6 juin 1991 ajoute, elle, qu'« aucune discrimination ne peut être faite pour l'admission dans les classes maternelles d'enfants étrangers, conformément aux principes généraux du droit». Peu importe aux yeux du Front national puisque Florian Philippot a asséné qu'il suffirait de... réformer la Constitution pour mettre en œuvre cette disposition qui est venue durcir le programme de la candidate Marine Le Pen en 2017 alors qu'elle n'y figurait pas cinq ans plus tôt. En fait, la tactique cynique de la présidente du FN est assez limpide. Elle consiste à adresser aux Français un message protecteur, celui selon lequel la crise de l'école publique et la dégradation du niveau de l'enseignement seraient dues... à la présence d'élèves étrangers dans les classes. On touche là à la quintessence du principe de «préférence nationale». Il s'agit d'établir en tous domaines une hiérarchie stricte entre les catégories de citoyens, aujourd'hui Français et étrangers, demain entre «plus» ou «moins» Français, et de faire fonctionner la communauté nationale de façon différente selon que ces citoyens émargent dans une première, deuxième ou troisième catégorie. Véritable ADN du Front national, sous le règne de Jean-Marie Le Pen comme sous celui de sa fille, ce précepte de «préférence nationale», repeint en «priorité nationale», n'est rien d'autre que l'adaptation à la société française du principe d'apartheid qui sévit jadis en Afrique du Sud, c'est-à-dire celui selon lequel, pour des raisons ethniques ou culturelles, seul le développement séparé des races et des citoyens peut accoucher d'une société harmonieuse.

Le faux nez de la laïcité

Au vu du contexte international né de la montée d'un islam radical depuis les attentats de New York le 11 septembre 2001, puis de la vague d'attaques islamistes qui ont endeuillé la France depuis Mohammed Merah en 2012, ce sont les musulmans dans leur ensemble qui apparaissent désormais comme la cible prioritaire de la vindicte lepéniste.

Pour s'y attaquer sans vergogne, Marine Le Pen habille son rejet de l'islam d'un grossier vernis laïc. La présidente du FN se présente en effet volontiers comme « l'une des dernières défenseurs de la laïcité en France ». Le souci, c'est qu'elle n'utilise jamais cet argument de la défense et promotion de la laïcité pour s'inquiéter de la multiplication d'écoles catholiques intégristes, des agissements des commandos anti-IVG ou de toute autre menace propagée par un autre intégrisme religieux. Elle ne vise, encore et toujours, et jusqu'à l'obsession, que l'islam. Certes, nul ne peut nier qu'aujourd'hui, de toutes les religions monothéistes, c'est l'islam intégriste qui représente la principale menace pour la paix et la démocratie en France et dans le monde, et d'ailleurs d'abord dans les pays de culture musulmane. Il n'empêche qu'un authentique laïque, soucieux de dresser une frontière infranchissable entre le spirituel et le temporel, entre la foi qui relève de l'intime et de la sphère privée et la gestion des affaires de la cité, se doit de renvoyer tous les cultes dos à dos.

Ce n'est pas le cas de Marine Le Pen obsédée par le seul islam et ses fameuses prières de rue dénoncées comme une « occupation ». Elle ne se contente pas de dénoncer l'islamisme, c'est-à-dire l'intégrisme de l'islam, mais fait de l'immigration musulmane, et donc de la simple présence sur le sol national de citoyens de confession ou même simplement de culture musulmane, un facteur d'islamisation. Cet enchevêtrement pernicieux est d'ailleurs à la source des élucubrations initiées par l'écrivain Renaud Camus qui fantasme un « grand remplacement », visant à remplacer en France, et en Europe, les populations blanches et autochtones par des étrangers de confession musulmane.

Si Marine Le Pen a écarté d'un revers de main la dimension complotiste d'un tel projet poursuivi, selon Renaud Camus, par l'alliance de mystérieux « remplacistes », la présidente du FN a, toutefois, admis qu'il s'agissait là d'une réalité statistique...

Pour Marine Le Pen, c'est clair, « la laïcité n'est pas et ne sera jamais compatible avec l'islam[1] ». Deux universitaires se sont livrés à une analyse rigoureuse du vocabulaire employé par la présidente du Front national. Les mots qu'elle associe le plus fréquemment à la laïcité sont : « violation », « application », « communautarisme », puis viennent « loi », « pilier », « revendications », « paix civile » et « immigration ». « Par amalgame, c'est en effet l'immigration extra-européenne qui est visée en dernier

1. Caroline Fourest et Fiammetta Venner, *Marine Le Pen, biographie*, Grasset, 2011.

ressort », écrivent-ils[1]. L'association « immigration-communautarisme-atteinte à la laïcité » est systématique. Ainsi promit-elle durant la campagne présidentielle de 2012 de créer un ministère... de l'Intérieur, de l'Immigration et de la Laïcité !

Ultime subterfuge, Marine Le Pen prétend même faire de la laïcité une arme pour protéger... l'identité chrétienne de la France ! Ainsi crut-elle bon de reprocher à la Charte de la laïcité mise en place en 2012 par le ministre de l'Éducation nationale, Vincent Peillon, de ne pas « prendre en compte la réalité de l'histoire de France, la réalité de notre culture. Pour comprendre la nation française, la République française, il faut connaître et admettre ses fondements chrétiens ». Une profession de foi fort peu laïque de la part de la présidente du FN qui juge au final que seul l'islam « pose un problème » à la laïcité parce que cette « religion nouvelle » qui « multiplie les revendications, heurte les mœurs, les codes, les modes de vie, les habitudes d'un pays qui est un pays très anciennement fondé sur des valeurs judéo-chrétiennes[2] ».

Toujours la même Histoire...

L'extrême droite, qu'elle dispose comme figures de proue, à la fin du XIXe siècle, de Barrès, Boulanger ou

1. Cécile Alduy et Stéphane Wahnich, *Marine Le Pen prise aux mots, décryptage du nouveau discours frontiste*, Le Seuil, 2015.
2. *Ibid.*

Maurras ou qu'elle soit conduite de nos jours par Jean-Marie ou Marine Le Pen, poursuit toujours le même projet. Avec ses nuances, ses courants, ses sensibilités différentes et souvent concurrentes, elle cherche constamment à remettre en cause et même à remplacer la démocratie libérale et parlementaire par un pouvoir fort, autoritaire, de nature plébiscitaire. Son grand dessein, immuable, inchangé, c'est la reconquête d'une nation souveraine, chrétienne, éternelle, et débarrassée des «pourris» qui la corrompent et des étrangers qui en souillent l'âme et l'identité. Dès la naissance, puis avec la consolidation de la démocratie libérale et parlementaire, des voix se sont dressées pour la mettre à bas. Implacable logique politique, indépassable nature humaine. Mélange de rébellion et de réaction, l'extrême droite s'est bâtie successivement sur la remise en cause de l'individualisme, de l'émancipation laïque, de la démocratie représentative, du règne du droit, de la croyance dans le progrès, bref, de tout ce qui relève de l'héritage des Lumières et qui a constitué le socle de l'édification de la République.

Ce combat identitaire peut prendre bien des formes, et c'est à ce titre que Marine Le Pen a fait évoluer le Front national depuis qu'elle en a hérité. Mais loin d'inventer une nouvelle extrême droite, elle a plutôt renoué avec une ancienne tradition, anti-libérale, «ni droite, ni gauche», de révolte contre les élites, enfouie sous les décombres des combats perdus par l'extrême droite au fil du XXe siècle.

Pour autant, avec Marine Le Pen à sa tête, cette famille politique poursuit inlassablement la même quête, celle d'une introuvable pureté originelle censée définir les êtres. Quatre thèmes fondateurs constituent l'ADN de l'extrême droite : la Terre, le Peuple, la Vie, et le Mythe. Ce sont les quatre bornes qui jalonnent le combat de ce courant politique : « Ces thèmes, s'ils sont pris isolément, ne suffisent pas toujours à identifier une pensée d'extrême droite, explique le philosophe Michel Eltchaninoff. Mais lorsqu'on les additionne, et si on accorde sous le signe d'une haine contre le règne du droit et du progrès, ils forment un tout bien reconnaissable[1]. »

Marine Le Pen n'a rompu avec aucun de ces piliers de l'extrême droite. Elle n'en délaisse aucun. Elle s'est contentée de les dépoussiérer, de les réactualiser pour mieux les perpétuer. « Elle n'a pas cassé les murs de la maison extrême droite pour reconstruire une nouvelle demeure, résume fort justement Michel Eltchaninoff, elle a seulement déplacé les meubles[2]. » La « bobo » Marine Le Pen a revu l'aménagement intérieur. Elle s'est débarrassée des vieux bibelots encombrants entassés par son père. Elle s'est mitonné un intérieur plus propret, plus cosy, plus accueillant pour le visiteur-électeur susceptible de se laisser séduire. Mais elle conserve toujours le même espoir, poursuit la même ambition, que cette stratégie de cette dissimulation soit couronnée de succès et qu'à l'issue du grand ménage de printemps qu'elle a programmé pour 2017, la maison extrême droite devienne la maison France.

---

1. Michel Eltchaninoff, *Dans la tête de Marine Le Pen*, Solin/Actes Sud, 2017.
2. *Ibid.*

Conclusion

La candidate du système

Produit d'un système, familial et clanique, Marine Le Pen est devenue l'instrument d'un autre système : celui du médiatico-politique. La présidente du Front national prétend l'abattre, mais rêve, au fond, de l'intégrer. Héritière en tout point du vieux chef historique de l'extrême droite, elle reste fidèle à un patrimoine idéologique qu'elle se contente d'épousseter pour l'adapter à l'air du temps. Une haine chasse l'autre. Au Panthéon des détestations de l'extrême droite, le rejet du musulman a chassé celui du juif. Pour l'heure. Les modes comme les temps changent. La quête d'une introuvable pureté identitaire, elle, demeure. La ligne ultra-conservatrice d'inspiration maurrassienne appuyée sur un programme économique libéral a cédé le pas à un positionnement « ni droite, ni gauche » étatiste et « social » : là aussi, rien de bien neuf. Le Front national version Marine Le Pen, c'est un retour aux sources du boulangisme, aux racines du nationalisme de la fin du XIXe siècle, on l'a vu, bien plus que l'invention d'un nouveau modèle. L'extrême droite s'engouffre dans les failles, et parfois faillites, de la démocratie libérale et parlementaire et veut châtier ses représentants pour tenter de la mettre à bas et la remplacer par un pouvoir autoritaire.

« Si nous voulons que tout reste tel que c'est, il faut que tout change », fait dire Lampedusa à Tancredi dans *Le Guépard*. Au Front national aussi, il faut que tout change, en surface, pour que rien ne change, au fond. Le Front national mue, c'est vrai, comme l'extrême droite a toujours évolué. Ses méthodes comme ses discours ne sont plus les mêmes. Mais au-delà de cette mutation de surface, le grand dessein, lui, est immuable. Qu'il soit jeanmariste ou mariniste, le lepénisme est d'abord continuité.

Produit du système familial, gardienne du temple frontiste et gestionnaire de la marque Le Pen, Marine Le Pen s'est installée à la caisse de la petite entreprise familiale pour continuer de la faire fructifier. Mais elle poursuit au fond le même objectif que son géniteur : taper sur le système, renverser les élites impuissantes et corrompues, assurer vouloir tout casser, tout changer pour mieux se faire reconnaître par ledit système. Depuis l'équipée poujadiste des années 1950, toute l'histoire du national-populisme, c'est celle d'une impossible quête de respectabilité. Une tragédie sans fin, une frustration récurrente, une soif de reconnaissance sans cesse renouvelée et jamais étanchée.

Refoulée au pied de la Trump Tower en janvier 2017 alors qu'elle quémandait une entrevue avec le 45e président des États-Unis élu, à ce titre-là aussi, Marine Le Pen est bien la digne fille de son père. La « dédiabolisation » qu'elle prône depuis son accession à la tête du parti ne va jamais assez loin pour lui ouvrir toutes les portes. Elle a beau faire des efforts, elle demeure toujours infréquentable pour ses partenaires potentiels. Son patronyme, qui lui a permis de se hisser jusqu'au sommet de la planète frontiste, est devenu sa croix depuis qu'elle l'a atteint. Et la « normalisation » qu'elle porte en sautoir contient en elle-même son propre risque, celui de la banalisation, et à terme, de la dissolution.

Si le Front national devient un parti comme un autre, c'est-à-dire comme ceux du « système » honni, à quoi bon en effet le choisir pour détruire ledit « système » ? C'est l'impasse dans laquelle le marinisme menace d'entraîner l'extrême droite. Depuis sa création en octobre 1972, et plus encore depuis l'émergence électorale nationale lors des élections européennes de juin 1984, le Front national s'est conforté dans un rôle d'agent double, à la fois pourfendeur et caution de ce « système » que Jean-Marie Le Pen n'a eu de cesse d'appeler « l'établissement ». C'est son altérité qui l'a fait progresser, tandis que la menace que le parti d'extrême droite faisait peser sur nos institutions permettait aux partis républicains de gouvernement de serrer les rangs. Elle justifiait les appels à la résistance en cas de poussée de fièvre et de montée du péril au fond des urnes. À cet égard, l'entre-deux-tours de l'élection présidentielle de 2002 et la mobilisation de millions de manifestants puis d'électeurs pour repousser le danger Le Pen lors du second tour du scrutin apparaît comme un modèle pour dépeindre cette mécanique. Ces deux semaines inscrites dans la mémoire politique contemporaine résument le rôle ambigu que le parti d'extrême droite n'a cessé de jouer dans la vie politique française.

Réceptacle d'une partie de la colère populaire qu'il s'applique à attiser dangereusement, le parti frontiste a longtemps servi de soupape de sécurité pour canaliser cette même colère. Ainsi, Jean-Marie Le Pen, le diable de la République, était-il lui-même, paradoxalement, le garant de la pérennité de cette République. L'illustration la plus spectaculaire de ce rôle de caution est venue lorsque sa seule présence a permis à son meilleur ennemi, Jacques Chirac, à l'époque impopulaire et qui n'avait recueilli que 20 % des voix au premier tour, d'être réélu triomphalement au second avec un plébiscite de plus de 82 % digne d'une République bananière ! Pendant trente ans, Le Pen a assumé la double fonction, à la fois d'épouvantail et d'assurance vie du régime.

Sa fille a hérité du rôle et tenté de le faire évoluer. Le niveau de la menace a monté, certes, les performances électorales du Front national ont progressé de façon spectaculaire depuis 2011, mais le dilemme qui lui est posé reste le même : que choisir pour continuer de croître, voire accéder au pouvoir, entre l'affirmation d'une différence toujours plus radicale ou la quête d'une respectabilité à jamais inatteignable ?

Ce casse-tête suscite des tensions internes de plus en plus pesantes au sein du FN entre les tenants de la ligne « normalisatrice » incarnée par le vice-président Florian Philippot et ceux de la ligne « droitière » portée par la députée du Vaucluse, Marion Maréchal-Le Pen.

L'extrême droite qui aime à dévorer ses enfants finira peut-être par avaler ceux-là aussi. Le Front national, parti d'essence totalitaire fonctionnant à coups de purges et de scission, n'a jusqu'à présent jamais réussi dans son histoire à réguler démocratiquement les conflits qui le déchirent en son sein.

Marine Le Pen a, pour l'heure, opté pour la première stratégie, celle de la banalisation technocratique incarnée par le si terne, si fade mais si sage Florian Philippot. Sans doute parce que la benjamine des filles Le Pen est d'abord une candidate du système, et même du système médiatique. Elle a grandi dans le luxe, le champagne et la fête, usant ses semelles sur les pistes de danse des boîtes à la mode. Elle a frayé aux portes du show-biz. Et la chef du grand parti populiste antisystème a fini par assumer fièrement au grand jour son méconnu profil bobo. C'était le 21 avril 2015. Ce soir-là, en robe de soirée et accompagnée de Louis Alliot cintré dans son smoking, Marine Le Pen parada sur le tapis rouge dressé à New York à l'occasion de la soirée du magazine *Time* consacrée aux « 100 personnalités les plus influentes ». Marine Le Pen en était, et elle était radieuse. La bobo du Front se pavanait sous les sunlights comme une starlette au Festival de Cannes. Enfin connue, et surtout reconnue, débarrassée de cette odeur de soufre qui empesta durant des décennies dans le sillage de son père. Elle n'avait plus à se pincer le nez, à se cacher, à raser les murs. Elle pouvait jouir pleinement de la reconnaissance « people » après laquelle elle courait depuis tant d'années.

Aussitôt qu'elle a pris en main les rênes du parti, l'héritière n'a eu de cesse de soigner ses relations avec les médias. Pour mieux maîtriser le son, et peaufiner l'image.

À ce titre, l'irruption de Florian Philippot, l'homme des fiches et des plateaux télé, a fait figure de bénédiction. Un énarque ne fait pourtant pas le printemps électoral. L'arbre Philippot ne cache pas le désert frontiste en matière de cadres efficaces et de ministrables potentiels. L'impavide jeune homme a beau surjouer les codes du parti de gouvernement prêt à assumer la conduite des affaires du pays, le Front national est loin, très loin, d'avoir accédé à ce statut.

Il ne pourra d'ailleurs jamais y parvenir tant que perdurera son grand dessein, sa volonté de remettre en cause les valeurs d'humanisme et de tolérance qui font le pacte républicain. En 2016, le succès du Brexit au Royaume-Uni et plus encore l'élection de Donald Trump aux États-Unis a semblé montrer la marche à suivre à l'extrême droite française. Ces deux scrutins lui ont ouvert de nouveaux espoirs.

Les élites tremblent, la colère du peuple gronde, journalistes et sondeurs se terrent dans la crainte du « Big One », ce tremblement de terre électoral qui aura raison de leurs dernières certitudes. Une grande fatigue démocratique plane sur de nombreux pays occidentaux. Une langueur émolliente s'est emparée de l'hexagone, qui semble peu à peu ouvrir les portes du pouvoir à Marine Le Pen. Celle-ci ne prétend même plus faire une campagne offensive, voire agressive pour conquérir les âmes et les cœurs perdus de la France en crise. Plus que le marinisme qui se lance à l'assaut du pays, c'est le pays, meurtri par le terrorisme islamiste, fracturé par les secousses de la mondialisation, qui se donne à lui, qui s'abandonne, lentement, mais inexorablement. Qui succombe et se laisse aller à croire à ses mauvais démons. Porteuse de divisions, d'affrontements, voire de guerre civile, Marine Le Pen se fait pateline. C'est la peur qu'elle attise et qu'elle suscite qui l'a fait chuter sur le fil aux régionales de décembre 2015 dans la région Nord-Pas-de-Calais-Picardie, alors que la victoire lui tendait les bras. Elle affecte d'incarner la « France apaisée », ce slogan qui a fait irruption sur ses affiches de campagne de la présidentielle de 2017. Son père avait fait de même il y a quinze ans déjà, affichant un profil de vieux sage pour se faufiler par surprise jusqu'au second tour du scrutin élyséen de 2002.

Alors, puisque tout change, sans jamais vraiment changer, revenons à l'indépassable Tancredi, qui a cette autre phrase, toujours dans *Le Guépard :* « Nous fûmes les guépards, les lions ; ceux qui nous remplaceront seront les chacals et les hyènes. »

Hier « dactylographe », comme le clamait l'injure stalinienne accolée à Jean-Paul Sartre, la hyène peut bien se faire aujourd'hui médiatique voire photogénique, elle n'en devient pas pour autant un animal de bonne compagnie.

Bibliographie sommaire

François Duprat, *Les Mouvements d'extrême-droite en France de 1944 à 1971*, Éditions Albatros, 1972, rééd. Éditions de l'Homme libre, 1998.

—, *Les Mouvements d'extrême-droite en France de 1940 à 1944*, Éditions Albatros, 1972, rééd. Éditions de l'Homme libre, 1999.

Zeev Sternheel, *La Droite révolutionnaire, 1885-1914 : les origines françaises du fascisme*, Le Seuil, 1978.

—, *Ni droite ni gauche : l'idéologie fasciste en France*, Le Seuil, 1983.

Michel Winock (dir), *Histoire de l'extrême droite en France*, Le Seuil, coll. « Points. Histoire », 1994.

Gilles Bresson, Christian Lionet, *Le Pen. Biographie*, Le Seuil, 1994.

Christiane Chombeau, *Le Pen : fille & père*, Éditions du Panama, 2007.

Abel Mestre et Caroline Monnot, *Le Système Le Pen : Enquête sur les réseaux du Front National*, Denoël, 2011.

Caroline Fourest et Fiammetta Venner, *Marine Le Pen*, Grasset, 2011.

Romain Rosso, *La Face cachée de Marine Le Pen*, Flammarion, 2011.

Nicolas Lebourg et Joseph Beauregard, *François Duprat, l'homme qui réinventa l'extrême-droite de l'OAS au Front National*, Denoël, 2012.

Dominique Albertini et David Doucet, *Histoire du Front national*, Tallandier, 2013.

Valérie Igounet, *Le Front national de 1972 à nos jours. Le parti, les hommes, les idées*, Le Seuil, 2014.

Grégoire Kauffmann, *Le nouveau FN. Les vieux habits du populisme*, La République des Idées, Le Seuil, 2016.

Michel Eltchaninoff, *Dans la tête de Marine Le Pen*, Actes Sud, 2017.

Table

Introduction. La fille jumelle 11

1. Comment elle a mangé son père 21
   Quand Marine Le Pen a le «papy blues» 23
   «Le parricide, ça la suivra jusqu'à sa mort!» 26
   Les turpitudes de «papy Danielle» 28
   Un piège blond nommé Marion... 33
   L'alerte de la «fournée» 38
   Quand la maison Le Pen brûle... 41
   L'ultime provocation 44
   L'exécution 47

2. L'avènement d'une pistonnée 57
   «Marinou», la chouchoute 58
   Si jeune, et déjà grande gueule... comme papa! 64
   Le choix du père contre Pierrette 67
   «Une mère n'est pas une décharge publique...» 69
   «Médiocre» et «fêtarde» 72
   Un papa poule... aux œufs d'or 76
   Quand la scission règle... la succession 81

Un double langage diabolique 86
Les «purgés» de la vieille garde 90
Place au clan des «gudards» 99
La tour du chef et le fou du roi 101
Le dauphin de la farce et la retraite de Popeye 104

3. Gare au gourou ! 109
L'irruption des frères Philippot 110
Un intrus nommé Florian 114
Philippot, ce lepéniste honteux 117
Marine, la junkie des sondages 121
Naissance du Front télévisuel 124
Le poisson froid et les piranhas 128
Les secrets d'un «outing» 130
Marion contre Florian, l'après-Marine a commencé 133

4. De quoi le marinisme est-il le nom ? 139
L'antisémitisme sous le tapis 140
Un parti légal, certes, mais pas républicain 142
La conversion antimondialiste 148
Le retour du «ni droite, ni gauche !» 151
La boulangère de Montretout 155
La «préférence nationale», un apartheid à la française 161
Le faux nez de la laïcité 165
Toujours la même Histoire... 167

Conclusion. La candidate du système 171
Bibliographie 179

Pour en savoir plus
sur les Éditions Plon
(catalogue complet, auteurs, titres,
revues de presse, vidéos, actualités...),
vous pouvez consulter notre site Internet :
www.plon.fr
et nous suivre sur les réseaux sociaux :
www.facebook.com/Éditions.Plon
www.twitter.com/ÉditionsPlon

La photocomposition de cet ouvrage
a été réalisée par
GRAPHIC HAINAUT
30, rue Pierre Mathieu
59410 Anzin